# 反思性父母

## 理解孩子的内心世界

[英] 阿里斯泰尔·库珀　希拉·雷德芬◎著
（Alistair Cooper）（Sheila Redfern）
吴明霞　朱灵慧◎译

重庆大学出版社

# 译者序

2019 年，在伦敦举办的第 51 届精神分析国际大会的展厅里，我在书摊前游荡。这本书的书名（*Reflective Parenting*）引起了我的注意。当时的我受苦于家庭关系冲突，尤其困惑于如何将"足够好的母亲"这一专业术语在生活中与孩子的关系里操作化，所以，毫无悬念地，我翻了几页随机读了几句，不由自主地点了点头，看了看目录。几分钟后，我买了这本书，翻到其中一章读了起来，然后便决定翻译它。当时在我的想象里，它已然出现在国内的父母们的手里面、眼目前。

到现在这本书真的要面世了，已过去了近 5 年。其中三年多的时间花在翻译、审校及与原书作者 Sheila Redfern 邮件往来沟通核对语句的准确含义及行文的疏漏上。回顾这个过程，我越发觉得，翻译是一种创造，需要用一种意识化的语言把另一种语言表征出来。如同心理动力咨询和治疗的过程，一个人把另一个人的行为或关系模式翻译成心理的内容，再以合适的方式表达出来，帮助对方理解自己。这早已超越了词与词、句与句的一一对应。准确地说，翻译的过程是一种理解、联结和交流的过程。

在阅读心理动力学的英文原文文献时，我时常拍案而起，惊呼："天啦，怎么有这样好用的头脑！写得真好啊！"作者的观点如此具有创造性，辅以有趣的行文和恰到好处的措辞，它就是这么刚刚好，把人隐微的内心世界勾画出来，理清楚了，说明白了，之后遇到相关个案情况和生活现象时便能用得上。阅读那些美文，就像品尝易消化的美食一般，嘴巴很开心，肠胃很开心，头脑也被滋养了。然而，在阅读某些对应的中文版本时，这种感觉完全消失了，思想文字带给人的品尝美食感没了，翻译过的文字读起来像一颗颗响当当的铜豌豆，或者一把把干草料，可能是好东西，但实在难以下咽，咽下去也消化不了。这让我深刻意识到：翻译，绝对是一个再创造、再建构的过程。它就是一个过程，这个过程需要时间，光有时间还不够，还要有一颗闲心、虚心、安适的心、正念的心，或者说，种地的心。种就是了，每天种一点点，认认真真地、明明然然地地种就是了，就这么种下两三年，结出一个果子来。开心或者必须开心的是少数的出版社的工作相敬重，他们没有催我。在这个"快餐式"商业时代，真是难得。现在这个果子熟了，马上就要采摘装箱送到市场上去。果子好不好吃，留给读者去品吧。在种地之人这里，无论如何，已经做不了什么了。"孩子"已经生出来了，电脑中的文字也将成铅字，定了，就过了。

一个人的头脑极其有限，一个团队就不同了，这本书是一个团队创造性合作的成果。总体而言，我算是一名心理动力学的临床专业人员，在翻译上是外行。可是这本书是一本专业人员写的通俗读物，它既供专业人员参考，更是写给父母们帮他们理解与孩子的关系的。从专业术语到专业术语的翻译，我比较在行，但如何翻译得通俗易懂接地气，让非专业人员都读得明白，这反倒需要专业的翻译功夫。在此，我要感谢朱灵慧老师和她的研究生团队。朱老师是中南财经政法大学外国语学院翻译专业笔译方向的教授。2018—2019 年我在比利时鲁汶大学访学期间，遇到了她，我们经常一起探讨各自学科的学术观点、出行旅行、品尝美食、交流育儿之道。这个过程非常美好，以至于我们都产生了要一起合作"创造"出个什么的想法。当我联系她谈到合作翻译此书的事情时，她马上答应了。我要感谢朱老师，她认真又灵活的专业态度和极高的专业能力不仅成就了这本书清晰且风趣雅致的品位（这也是原著所具有的特点），还让我耳濡目染学习到了如何带领一个团队有条不紊地把事情做好。她的 2020 级硕士刘正（第 1、2 章）、刘俊伟（第 8 章）、胡生玲（第 3、4 章）、阳丽萍（第 7 章）、陆可新（第 9、10 章）、郭秀伟（第 5、6 章）参与了初稿的翻译工作，在此一并感谢，感谢他们认认真真地改了很多遍。

还要感谢北京大学医学人文学院医学心理学系的研究员周婷老师，她帮忙审核了本书的专业部分，有了她对专业性的把控，我感到非常放心。

彼得·冯纳吉在序言中赞叹"本书框架结构清晰、切实可行，有助于父母提高家庭人际环境的质量，可谓类似书籍中的上等佳作"。我深有同感。本书陪伴、支持我度过了孩子青春期开始时关系中巨大的断裂感和冲突。这几年，说不清多少回了，在痛苦困顿之际，我翻阅书中的知识点和方法，来提醒、指导自己，在与孩子激烈交锋中如何退一步、慢下来，如何恢复心智化，如何收拾碎了一地的心，再来爱孩子爱自己。说实话，身为心理咨询和治疗的专业人员，对于帮到别人家的孩子和父母，我似乎更有信心。然而我自己作为父母，在与孩子的关系中却常感无助和无能为力，甚至有"你和自己孩子的关系都没有弄好，你还帮别人"的羞耻感、自责感。当读到彼得·冯纳吉坦言他自己"当初在养育孩子的时候，我要是有这本书，那该多好啊！"这句话时，你大概能想象，这些话给我多大的慰藉，他的平常心让我放松下来，进而谦逊起来，不懂就学，学了即用，临在当下。

受限于能力、时间等，本书的翻译可能还存在不少问题，欢迎广大同行、专家学者、家长们、孩子们不吝赐教！

吴明霞于重庆

2024 年 5 月

# 本书赞誉

作为一个新手父母，我发现这本书写得全面细致、言辞优美，不仅妙趣横生，还切实可行。本书着重强调如何通过专注于做我们最喜欢做的事情——感受与孩子心心相连、一起相处的乐趣——来促进孩子的成长！本指南不仅是新生儿父母的完美礼物，对于更大些孩子的父母来说，也是有用的工具，这些父母想要思考如何在与孩子的关系中带来长期的改变，如何处理孩子的困难行为而无须诉诸吼叫和惩罚。

——罗西·尼克松，英国著名时尚杂志HELLO的主编

反思性养育是心理健康的关键要素。这本书真的帮到我们理解在育儿实践中要怎么做。

——苏·格哈特，《爱为何重要和自私自利的社会》的作者

如果你想要孩子的心理健康成长，有能力在这个疯狂的世界上拥有一个很好的人生，那么这本书将告诉你所需要知道的一切。这是一本关于"如何当父母"的指南，你会可惜没早些读到它。

——鲁迪·华克斯

虽然这本书的目标读者是父母，但那些与父母工作的专业人

员同样能从中获益。本书通篇箴言,妙趣横生,引人入胜,让人一翻开就停不下来,因为它使用了反思性养育的关键原则:唤起读者的好奇心,读的时候便想知道后面会发生什么。这种好奇心极具感染力,而好奇孩子的内心世界,正是反思性养育的全部要义所在。

——彼得·冯纳吉(摘自前言)

这本书令人惊喜,是其他育儿方法的很好的补充,它为成功养育孩子这一任务带去了新的方法。本书提出这样的观点,育儿任务之一是外显地与孩子的所思所感相联结。作者认为,这不仅能让孩子感到被理解,关键是还能帮助他们理解自己的感受,进而更好地管理这些感受。这种方法的乐趣在于,它很容易与其他有效的育儿方法结合使用,比如,敏感地回应孩子的需求,花时间与孩子建设性地相处,在需要时平静地设置界限。

——史蒂芬·斯科特,伦敦国王学院心理和神经科学精神病学研究所儿童健康和行为教授,美国国家育儿研究院主任

简单地说,两位作者给父母提供的不是一本用于管神孩子行为的操作手册,而是提供了一个指南,指导他们培养自我觉察以及觉察孩子的想法、感受和动机。本书向我们展示出:孩子需要我们成为敏感的、响应性的、权威的父母,而要成为这样的父母最重要的能力则是——反思能力。

——丹尼尔·休斯,《聚焦依恋的家庭治疗工作手册》(2011)

《聚焦依恋关系的养育方法》作者

# 推荐序

我并不常有值得之感。大多数时候,我都在做那些我觉得不得不做的事。这些事如果完成了百分之五十,我就感觉良好。结果是,我就只是为了应对而做事。在阅读阿里斯泰尔·库珀和希拉·雷德芬所写的书之时,我片刻间踏入了一个不同的世界。在他们的书中,二十来年工作所得的观点和研究发现得以运用,忽然间被变成了有价值的东西。为此我深表感激。

反思功能或心智化的理论框架及其实证成果,在学界颇有影响,并已应用于部分社会实践之中。没想到的是,这些研究结果还能影响父母养育孩子的方式。当然,当初我们思考安全依恋模式的代际传递,思考父母在回应孩子的行为时,考虑孩子内心想法、感觉、信念、期待和欲望的能力水平如何影响着代际传递的效果,便是怀揣这一初心。然而,多数人不敢奢望真能"理论转化成实践"。事实上,产生想法很简单,因为人人都有想法。但真正困难的是,如何将抽象概念转付实践。两位作者十分谦逊,将功劳归于最初开创此领域的研究者,而事实上,他们将理论应用于父母工作,这正是创造性所在。

本书框架结构清晰、切实可行,有助于父母提高家庭人际环境的质量,可谓类似书籍中的上等佳作。该书不仅便于运用,而且方向明确。常言道:"理论好不好,试试便知晓。"阿里斯泰尔和希拉运用反思功能的理论创建了反思性养育的指南,无形之中亦促进了相关理论的发展。他们将养育与情绪管理相结合,引入了大量符合心智化模型的行为和认知行为原理,更令人惊叹的是,他们还将模型进一步扩展,将心智化模型运用到了家庭系统理论中。不仅如此,还与其工作对象(儿童及其父母)保持了十分密切的接触,实在难能可贵。

虽说本书的目标读者是父母,但那些与父母工作的专业人员同样能从中获益。本书通篇戒言,妙趣横生,引人入胜,让人一翻开就停不下来,因为它使用了反思性抚育的关键原则:唤起读者的好奇心,读的时候便想知道后面会发生什么。这种好奇心极具感染力,而好奇孩子的内心世界,正是反思性养育的全部要义所在。现代生活日不暇给、竞争激烈,人们常常丢失了好奇的天性,而乐意选择走捷径,即使走捷径也需要大量揣测他人的感受和想法。然而,在养育孩子时,我们却很少费心思考自己的揣测是对是错。在我看来,这种好奇心还有一个功效:父母对孩子的内心感到好奇,孩子也定会对父母的心理产生好奇。正如有人对你感兴趣,你同样也会好奇对方的所思所想。或许正因如此，反思能够产生安全的联结，切实维护良好的亲子关系。

养育质量至关重要，可以预示孩子未来成为怎样的人。我想分享一个特别的研究发现，这一研究关注儿童期出现持续攻击性和暴力行为的可能性。众所周知，两岁的孩子最具攻击性。他们语言能力不足，难以清晰表达自己，因此顽皮捣蛋，转用身体攻击。当然，并非所有孩子都会如此，其中气质上的差异起到很大作用。庆幸的是，大多数孩子随后几年会停止攻击行为。但是，5%～10%的孩子仍然如此，更有甚者，可能发展为严重的品行问题。而停止攻击行为的孩子与其父母的互动积极正面，他们获得了持续性的养育，其父母少有敌意、更有效能，这也在意料之中。这一结果来自加拿大的一项研究，他们对一万多名孩子展开了调查，之所以在此提及，是因为该研究数据确凿，相关结论绝非偶然。

父母扮演着非常重要的角色。在古代，真的是全村人都在共同养育孩子，到现代社会，这个任务就落到了一两个成年人身上，父母所起的作用逐渐变得更为重要。有的时候，压力可能令人无法承受。人类并未进化到独自一人抚养孩子的阶段，我们的基因决定了还需要有爷爷奶奶外公外婆、叔伯姑舅姨和堂表兄弟姊妹，需要一个扩大的家庭网络。工业革命增加了人员的流动性，这使得育儿更加困难，因此花时间反思比以往任何时候都更显珍贵。有关儿童发展的知识认为，儿童所需要的养育在于质量而非数量，也就是说，偶尔体验到父母真实临在，比父母身体一直在场但却没有反思性要重要得多。我所说的"真实临在"是指：父母正念地与孩子在一起,将孩子的心理放在自己的心里面,思考孩子的想法,感受孩子的感觉。正是父母的这种能力产生了孩子思考和感受的能力。这种能力也是我们人类的基本功能。本书正是想让更多人能了解这种能力,而且也成功地做到这一点。当初在养育孩子的时候,我要是有这本书,那该多好啊!

彼得·冯纳吉,英国国家学术院院士,伦敦大学学院临床、教育和心理健康研究学部教授、负责人

# 目　录

# 序 言

　　本书使用的都是以下描述的虚构家庭。他们的某些日常困难和家庭场景，一定会让你感到似曾相识。

## 1 号家庭

　　乔恩（38岁）和丽莎（36岁）有 2 个孩子，分别是查理（6岁）和艾拉（4岁）。乔恩在当地政府部门上班，工作压力很大。他有一些工作之外的朋友，喜欢定期与这些朋友见面，把心思从工作和家庭中转移一下。丽莎在一家旅游公司做兼职。她喜欢把事情安排得井井有条，按时完成。但她发现，投入工作和照顾两个孩子总是让她没法如愿。丽莎承担了大部分照顾孩子的责任，有时候会感到压力巨大。在丽莎要工作时，乔恩有时会接管照顾孩子，他对此也很享受，但有时会与他的工作产生冲突。乔恩的父母可以时不时地帮忙照看孩子。丽莎的父母都已过世。查理精力充沛,活泼好动。他和妹妹艾拉可以玩到一起,但常常发生矛盾,他俩为得到父母的关注而相互竞争。查理对于自己是老大很是满意。

# 2号家庭

卡伦(41岁)和汤姆(44岁)有3个孩子,分别是玛蒂(12岁)、山姆(10岁)和莫莉(2岁)。汤姆在一家财务公司工作,有一个挑剔的上司。他很想换工作去做更感兴趣的事,但家庭需要依靠他的收入,所以他感到身不由己。他热衷于骑自行车,有时会独自或跟朋友们骑车旅行。卡伦支持他的兴趣,但她也希望自己也可以有兴趣爱好,这样她就可以有更多时间休息一下,而不是总在照顾孩子。卡伦在一家诊所兼职当接待员。她工作收入低,还非常忙。卡伦的父母离婚了,她的童年很不易,父母老是争吵不休。母亲在卡伦的孩子还小的时候参与了照看,但随着她年纪越来越大,卡伦发现自己不仅要照顾母亲,还要照顾3个孩子,这让她和她的家庭都倍感压力。她与母亲的关系相当紧张。汤姆的父母均健在,但由于住在国外,所以很少参与孩子的养育。

# 3号家庭

瑞秋(32岁)和马特(21岁)有3个孩子,分别是双胞胎格蕾丝和莉莉(7岁)以及9个月大的儿子杰克。瑞秋和马特没有结婚,在杰克3个月大的时候,他们分手了,现在处于分居状态。马特隔周周末见一次孩子,但由于杰克还是个小婴儿,所以他没有让孩子们在他那里过夜。他发现自己很难与孩子们分开,他很享受在他带孩子的那天带他们出去玩。马特是一个家具制造商,有自己的小公司,这意味着他的时间比较自由。瑞秋不能出去工作,因为请人照顾婴儿和放学后的双胞胎的费用太高了。对于在家做全职妈妈,她感觉很矛盾。她享受单独与杰克在一起的时光,但发现要独自一人承担照顾3个孩子的责任相当巨大。瑞秋的朋友圈很广,她很依赖这个圈子。她的父母都还健在,需要的时候也会来帮忙,不过瑞秋觉得有时候很难开口找他们帮忙,她宁愿表现得似乎自己可以搞定。马特的父母就住在他附近,也帮忙照看孩子。他们希望马特处理好他与瑞秋的关系。

\*注:本书提到孩子时,都使用男性的"他"来指代。不过,反思性养育的原则适用于不同性别、任何年龄和各个发展阶段的孩子。

# 前　言

　　周一早上，一家人在紧张的氛围中吃过早餐，开始为新的一周做准备。母亲丽莎正在帮孩子们准备上学的东西，6岁的儿子查理却调皮捣蛋，在客厅里疯跑，不愿穿校服，对任何事情都说"不"。父母上班快要迟到了，他们的心情也越来越烦躁。严厉呵斥只会火上浇油，诱哄奖励也无济于事。于是，他们开始忽略查理的无理行为。即使，跟他好好说话，耐着性子跟查理，也没有什么用。之前在期中放假时，她花了整整一周，努力想让查理听话，按规定时间作息，但收效甚微。现在她放弃了，逃上楼去，假装在楼上准备上班所需的重要东西。

　　突然，父亲乔恩回过头看了看，并认真反思了查理的行为。他将查理带到一边，温和地问道："今天怎么了？为什么做什么事都这么费劲呢？是休息了太长时间害怕去上学吗？"查理的身体立刻放松了下来，他垂下头，点了

004

点,承认了他的担忧。父子俩进行了简短的谈话,讨论了查理对又要离家的忧虑,同时也商讨出了应对方法(针对这个情况,在书包里放个玩具以便让他想起家的感觉)。随后,他们一路小跑去了学校,留下丽莎一脸诧异,她很想知道刚刚发生了什么,为什么一个简单的提问会有这么大的效果。

为人父母给予我们的人生最快乐、最充实的经历,但同时,也带来冲突分歧、疑虑困惑和压力,甚至改变人生的遭遇。几乎每一天父母都会被强烈的情绪席卷,这些情感与孩子息息相关,其中多数积极充实,但是有些也消极负面。父母常有这些矛盾困惑的体验,他们想知道,自己对孩子的所作所为是否正确,与孩子互动的方式、管理和激励孩子的方式是否真的起作用。例如,当丽莎开车去上班时,心中充满疑惑,她不明白为什么儿子如此担心上学,而这对他的行为又有何影响。

你是否倾听过孩子的心声?

你是否倾听过孩子的心声？你可曾想过孩子行为背后有何内心故事？你想成为怎样的父母？你希望你的孩子言行举止如何？我们猜测，也许，你之所以拿起这本书，是因为你曾经问过自己这些问题，你有动力思考自己的养育方式，帮助孩子成长。又或许，你是因为束手无策，求助于本书——你尝试过诸多方法，却仍不得其解，孩子的行为和状况很不如意，你不满意目前的亲子关系。本书有别于较传统的育儿书籍，我们不提供针对具体行为的解决方案，也不会给你一套适用于所有儿童针对某一特定情境的策略。我们的目的是，为你提供一种不同的思考方式，来思考作为父母的自己和思考你的孩子，让你们双方都受益。本书中，我们常常会借鉴一些有用的理论，如心智化疗法、将心比心的概念和依恋理论。如果你想对这些理论多些了解，那么你可以参看本章接下来的内容。

在开始撰写本书的时候，我们在想，如何把我们与儿童、青少年及其父母或照顾者的专业干预工作中所用到的理念传达给阅读本书的父母们，让他们能够运用这些理论，帮助其日常育儿。不过，首先，让我们一起回顾以下这个场景，也许会引起不少父母的共鸣：

一两天后，丽莎回想起当时的情景，查理明显很焦虑，但是在当时，她满脑子都是儿子难搞，自己上班可能迟到，再没心思想别的了。半学期里，家务繁重，查理叛逆，她的压力也越来越大，导致她很难去反思查理当时的内心状态。那一刻，她对查理的想法和感受没有清晰的感觉。相反,她只沉浸在自己的体验里——无助感让她不知所措,工作和当天发生的事情让她心烦意乱,无法有效管理查理的行为让她火冒三丈。

这种情形下,究竟发生了什么?又是如何解决的?乔恩的做法之所以有效,并不完全是因为他着手处理这件事,也并非查理意识到了父亲的权威,而是与乔恩处理这一情境的方式、查理对父亲的感受体验密切相关。首先,乔恩没有将这看作一个问题来处理,而只是视其为一种正常的日常互动。其次,更重要的是,他没有把注意力放在行为本身,而是对行为产生的原因更感兴趣——乔恩关注查理行为的含义以及他的体验。最后,乔恩在整个互动过程中,都设法管理好了自己的情绪,并未因此过分沮丧。应对这类具有挑战性的日常互动时,这便是有效因素,它与一种育儿风格有关,我们称之为"反思性养育"。以下两个因素也十分重要:父母对孩子的心理有多敏感?父母对自己的内心有多敏感?上述两点与全书谈及的理论相关,我们将在后面的章节详细讨论。

那么,我们是如何被"反思性养育"所吸引的呢?我们为何如此确信"反思性养育"可以帮助我们改善与孩子的关系?作为临床心理学家,我们与亲子关系不睦的家庭打交道,同时我们自己也是忙碌的父母,囿于琐事,努力做到万事有序。但众所周知,应对家庭内部变化,兼顾自身情感和工作是多么困难!接受临床心理学培训之后,我们对此产生了兴趣,即刻投入与儿童和青少年的工作之中。阿里斯泰尔的工作对象是孤儿院或即将离开孤儿院的孩子,而希拉的工作对象主要是转介到儿童和青少年心理健康服务机构(简称CAMHS)的孩子们。我们在各自的工作过程中,对早期依恋关系的影响和作用越来越感兴趣。早期依恋关系是指婴幼儿出生数周乃至数月内,与父母建立的关系。我们好奇,早期依恋是如何影响儿童的社会性发展,如何影响他们之后在童年期以及进入青春期时应对其情绪挑战的。因此,对于转介到我们这里进行治疗的孩子们来说,仅关注他们的问题行为是远远不够的。相反,帮助父母改善亲子关系,了解孩子的内心世界,往往能使孩子的行为产生最积极的变化,使亲子关系更加和谐。支撑本书的理论还涉及引导父母增强孩子的安全感和心理韧性,二者对于儿童的全面发展以及未来在社会上何以谋生都至关重要。接受反思性养育的孩子,能够经历喜乐与苦厄,更好地在生活和在人际关系中找到前行的方向。如何与孩子互动,将很大程度上决定他们如何长大成人,怎样与他人互动。由此就涉及以下两个核心问题:

1. 反思性养育到底是什么?
2. 在养育子女的过程中,父母如何更具反思性?

本书的主要目的就是回答上述问题。我们会带领父母们了解该领域心理学研究所得的观点理念,帮助父母了解这种养育风格的核心内容,以及反思性养育如何发挥作用,帮助儿童情感上成长起来,实现他们的潜能。"反思性父母"与"反思功能"密切相关,而"反思功能"是亲子关系研究领域的一个重要概念,是由彼得·冯纳吉、米里亚姆·斯蒂尔、霍华德·斯蒂尔及玛丽·塔吉特于15年前提出来的。通过研究，临床心理学家和精神分析师彼得·冯纳吉发现，父母若具有高"反思功能"，既能够考虑孩子的心理，同时还能觉察到自身的想法和感受，将对其子女大有裨益，包括提高孩子的安全依恋，促进其建立良好的社交技能，有能力理解他人的心理，在遇到困难、面临挑战性的情境或人际互动时，还能够管理或调节自己的情绪。因此，当我们提到"反思性养育"时，指的是一种与孩子建立关系、对孩子做出回应的方式，这种方式正是具有高反思功能的父母所表现出的特征。我们相信，所有父母都能得益于反思性养育的研究，这很重要，也正是这种信念促使我们撰写此书。

反思性父母不只是关注孩子的外部行为，还尤其重视将孩子视为有自己心理的独立个体。"他有他自己的想法"这一表述稍具贬义，常用于描述任性固执、叛逆心强的孩子。不过，反思性父母通常都会认为，他们的孩子确实有自己的心思，在孩子们的内心世界里，想法、观点、动机等交织在一起，丰富多彩、五彩缤纷，而且这些父母还希望理解孩子们的心智是如何运作的。不仅如此，反思性父母还认识到，孩子的经历与自己的经历差别很大，也就是说，父母对某一事情的理解可能与孩子对此事的体验大相径庭。反思性父母常常会这么看待自己的孩子：孩子行事必有其原由，而且这些原由与他们的想法或感受有关——他们有其内心故事。然后，父母可以对这些内心故事里的想法和感受做出回应，而非仅仅对其行为做出反应。此外，反思性父母与孩子互动时，更可能觉察到自己的想法和感受，也更可能认识到自己的情感或许会影响亲子互动以及事情的真正结果。

卡伦和12岁的女儿玛蒂逛超市。卡伦在超市货架通道逛来逛去，让玛蒂帮忙找某件物品，这时卡伦发现玛蒂愁眉苦脸，眼睛一直盯着手机，对自己说的话置若罔闻。卡伦怒气冲冲地说："你就不能不看手机，帮我拿个东西吗？"玛蒂对此十分生气，走出了收银台，拒绝帮忙。

我们来思考一下发生的事情。玛蒂在购物时没有帮妈妈，可能有多个原因，在那个特定的时刻，对玛蒂来说，这些原因都是有道理的。或许玛蒂不愿帮忙只是因为她觉得逛超市很无聊。或许她感到不公平，因为自己来超市和妈妈一起买东西，而弟弟却可以待在家里。如果卡伦回应玛蒂的方式能够平息她的负面情绪，那么玛蒂的行为可能就会不一样。比如，如果卡伦注意到女儿读了一条手机短信，那么她可以停下来问问短信的事，并向玛蒂反馈说，是不是发生了什么事情，令她十分不爽。实际上，玛蒂刚收到朋友发来的短信，说小组成员都要去滑冰，都没有叫上她。卡伦或许可以询问短信的内容，而后对玛蒂说，被排斥确实令人难过。这有可能让玛蒂与妈妈更亲近，更愿意在超市购物时帮她。然而，如果卡伦感到又累又受挫，她可能会以不同的方式应对这一情况，比如，认为玛蒂在无理取闹。在不知情的情况下，卡伦做出的回应可能会加重玛蒂的负面情绪，这反过来又会增加玛蒂的负面行为。比如，卡伦可能会说："我和你弟弟他们出来逛超市就不会发生这种事情。你怎么就不能帮我个忙，别乱发脾气？"

在整本书中,我们都提倡这样一种观点:孩子的行为有其含义和意图,很少是无理取闹。我们来看一看,反思性养育如何帮助你思考孩子的内心故事,也思考你自己的心理。认识到这一点,开始对孩子行为的原因感兴趣,这便是反思性养育的核心。大部分时候,一些父母似乎会凭直觉揣测孩子为何会以某种方式行事。不过,通常来说,父母都难以关注到"为何"——孩子行为背后隐藏的情感和想法。此外,我们都能够迅速判断孩子特定行为的原因,但这些判断大多是基于我们自己脑子里的想法,而非从孩子的心理进行的考虑。

实际上,所有父母与孩子进行反思性联结的能力水平都是起伏波动的,这取决于内外因素的影响。

我们将向你展示:如何发展你的技能来改善亲子关系,增加孩子的自信自尊,让育儿过程更得心应手。最主要的是,我们将邀请你从外部来观察自己,想象你如何与你的孩子相处;同时,我们也将鼓励你更多地从内心的角度来看待孩子,多考虑孩子在某种特定状况下的经历、想法和感受(他们的心理状态)。这两个方面都极其重要。为了达成这些目标,我们会从帮助你开始,首先思考你(作为父母)自己的感受,因为在开始考虑你孩子的感受之前,学会思考你自己的感受这一能力至关重要。

被情绪控制让你更难考虑到孩子

当然，在亲子关系中，要一直贯彻上述原则，近乎不切实际，但本书所有章节都强调同一要点：培养和增强反思性育儿的觉察力和实践能力。书中时不时会提及支撑本书的相关理论，无论是否有意愿了解这些理论，我们都希望能将本书作为指南，为育儿提供指导，克服我们几乎每天都会面对的日常难题。同时希望，在你与孩子的关系中少一些误解，多一些和谐，行为问题也不再棘手。

## 反思性养育的理论背景

一些广为认可的理论为反思性养育理念提供了依据，支持本书提出直截了当、行之有效的育儿策略。重点在于，这些策略并非仅适用于某一类父母。不论家庭的文化背景、经济状况如何，父母们都可以尝试这一育儿方法，从中受益，改善其亲子关系。即使你的童年不尽如人意，也可以做出不同的选择，以不同的方式对待你自己的孩子。通常来说，当你期待有这个机会可以尝试新的事物，开始新的冒险，那么尝试一种新的育儿方法，自然会让你真切感受到兴奋。本书所涉理论均建立在充分的研究之上，并经过了实验和测试，能为你提供支撑，遇到棘手难题，亦提供依靠，你尽可以大胆尝试。

# 依恋理论

约翰·鲍尔比是最早提出依恋理论的人，他所做的工作深刻地影响了我们对母婴关系的理解。鲍尔比指出，所有的婴儿都有一种与生俱来的动力和行为系统，驱使他们寻求与主要照顾者（通常来说是母亲）的亲近。从进化角度看，孩子处于危险之中或者受到危险的威胁时，渴望与母亲保持亲近，能够确保他得到保护。对于理解亲子关系来说，依恋理论最重要的一点是：每个婴儿都需要与一位重要的主要照顾者建立关系，以促进其社交和情感发展，具体而言，即帮助婴儿学习调节或控制其感受。换言之，若婴儿在早期依恋关系中体验良好，这一关系就会为其提供安全感，进而便可以探索世界，并为未来建立成功的关系提供模板。玛丽·安斯沃斯于伦敦的塔维斯托克临床中心，与鲍尔比共同研究儿童与母亲分离对其成长的影响，并在亲子发展领域广泛开展工作。安斯沃斯设计了一个著名的实验，将依恋分为了四种类型。她发现，大多数人在婴儿时期都体验过"安全型"依恋，都得到过某位家长的回应，紧密地依附过她/他。实验发现，上述儿童与其主要照顾者分离时，会感到痛苦，但在与其主要照顾者重聚后能够很快得到安抚。要想确定婴儿是何种依恋类型，主要依据婴儿与其主要照顾者的关系。多数情况下，母亲是婴儿的主要照顾者，但显然现实并非完全如此,也并非所有文化背景中母亲都是主要照顾者。"安全型"婴儿将主要照顾者作为安全基地,以此出发来探索世界。父母始终(或至少大部分时间)对婴儿的需求反应敏感,其孩子的依恋便会是安全的。这些孩子将会学习到,自己痛苦时会得到父母的安慰和安抚,因而在成长过程中他们会期待他人的帮助和支持。关键在于,此类儿童会形成互补模式,认为自己值得他人关爱和安慰。安全依恋是发展良好"心智化"的基础(见下文)。

你可以将依恋理论视为沃土,培育出了以下理论,这些理论本质上同宗同源。虽然构念上存在细微且重要的差异,但血脉相连。

## 心智化

彼得·冯纳吉在1989年首次使用"心智化"一词,用以描述反思他人心理状态(想法、情感)的能力。一个人理解他人心理状态的能力,与他在婴儿时期是否与主要照顾者建立了安全的依恋关系密切相关。有关依恋理论的一项重要研究,考察了根据孕妇在婴儿时期与母亲的依恋关系,预测她的孩子是否能够建立安全依恋。研究发现,最关键的预测因素在于,母亲是否能够心智化自己与父母的关系,即,是否能够思考和反思她父母的行为、情绪和心理状态。若父母能够做到这一点,我们就说他/她具有较强的反思功能。

当我们"心智化"时,不仅意味着我们意识到他人拥有各种情绪,还意味着我们理解并且能够回应这些情绪。心智化这一能力根植于我们的早期关系,根植于我们的主要照顾者是否能够准确地对我们的想法和感受做出反应,更重要的是,根植于照顾者能否通过相应的行为和语言,表明他们理解并能够解读我们的心理状态。如果父母能够反思孩子的心理状态(内心的想法和感受),那么孩子也就能更好地控制自己的情绪。这是因为,当父母将孩子的感受"镜映"(通过对孩子的说话方式、看孩子的方式,以及与孩子的相处方式)回给孩子,孩子就会开始理解,并最终学会控制自己的情绪。如果没有父母的"映射返回",婴儿便弄不懂自己感受的含义。父母是婴儿的培训师,帮助婴儿学习理解自己和自身的感受。

## 反思功能

彼得·冯纳吉及其同事也提出了"反思功能",确如其名,这一概念指其在实际中的运用。反思功能指个体根据自己和他人潜在的心理状态和意图,来理解或描述行为的能力。如前所述,心理状态指的是一个人的想法或感觉。因此,当一个人谈论自己和他人潜在的心理状态和感受时,他所具备的反思功能会体现得淋漓尽致。例如,一个孩子可能会说:"看到我没做作业,妈妈很生气,她担心老师会找我麻烦,也认为我有些懒惰。"或者父母可能会说:"他小时候总是哭,如果我没能安抚他,就会觉得自己很不称职,但我想他当时只是很挫败罢了。"若父母能够以这种方式思考孩子的想法,并敏感地回应孩子,就说明父母具有良好的反思功能(这也被称为母性的将心比心)。反思功能还与安全依恋相关。

## 将心比心

伊丽莎白·梅恩斯研究母亲和照顾者对孩子说话方式的重要性,以及家庭中日常用语的重要性。梅恩斯发现,预测孩子以后是否具备理解他人观点的能力时,有两个考量因素,一是安全依恋,二是父母对孩子说话的方式以及谈论孩子的方式,而后者更为重要。在家庭互动中,当父母(尤其是当研究对象为母亲时)对孩子谈及自己对其内心的思考时,我们便可以从中看到将心比心的概念。梅恩斯指出,母亲自然地与孩子谈论孩子的想法和感受(他们的心理状态),这就能很好地预测孩子之后理解他人的想法、感受、愿望和欲望之能力。重点在于,父母对孩子内心想法描述的准确程度,将影响孩子理解自己和他人的能力水平。

## 心理理论

1978年,两位著名的美国心理学家大卫·普雷马克和盖伊·伍德拉夫提出了心理理论这个概念。一个人具备"心理理论",便能够认识到他人有自己的想法、欲望和意图,这些想法、欲望和意图可能与自己的不同,而且,从这些心理状态可以预测或解释他人的行为。他人的心理状态可能是其行为的原因,心理理论的能力让我们能够认识到这一点,从而能够更好地理解他人及其动机。正常发展情况下,儿童在3.5~4岁左右便会具备心理理论的能力。不过,从婴儿期早期开始,就有迹象表明,婴儿能够认识到他人拥有独立于自己的有意图的心理。从他人角度理解事物,是发展友谊、与人交往的重要部分。心理理论专门研究自闭症儿童及其心理理论能力的缺乏,这严重影响到自闭症谱系障碍儿童与他人的关系,因为缺乏心理理论意味着他们无法从别人的角度理解事物。研究儿童的心理理论发现,该能力与儿童的社会能力息息相关。研究表明,儿童的心理理论技能与其社会能力、共情及换位思考能力水平相关,后两者是影响儿童社会关系的关键因素。心理理论技能也与孩子的安全依恋程度相关。

除上述理论和研究,我们还借鉴了一种主要以依恋理论为基础的治疗干预方法,该方法有自身的一套原理,对撰写本书大有启发。

## 视频互动指导

视频互动指导最初由荷兰的哈里·比曼(1990)研发出来,随后经科尔温·特雷瓦坦传至苏格兰,并由希拉里·肯尼迪进一步发展完善。VIG是一种循证方法,它通过事先录制的互动视频,增强亲子之间的"调谐"程度。其前身是研发于荷兰的视频家庭训练,同时融合了特雷瓦坦的研究成果——亲子间的"活力时刻"。观察一组亲子互动行为后,特雷瓦坦观察到发生在父母及其婴儿之间的"交流之舞"。他注意到,无论是父母跟随孩子,还是孩子跟随父母,他们的互动都是以一种富有韵律的舞蹈式的方式进行的。在这一交流之舞的配对伙伴关系之中,父母和孩子都在其内心为对方发展出了一个空间。基于这一心理空间,特雷瓦坦认为,孩子和父母都开始认为自己与关系中的另一方相关。当孩子发起一个动作——可能是很简单的动作,比如对父母微笑,或举起玩具让父母看——父母"接受到"这一点——可能是回之以微笑，或者是评论孩子手上的玩具多么有趣，在这个过程中，亲子间的"好循环"便得以建立。通过"好"的循环，父母和孩子彼此联结，共享积极情感。这对孩子以及亲子关系影响深远。例如，父母注意到孩子十分乐意向自己展示玩具，并表现出兴致勃勃的样子，此时，父母向孩子展示出，我们正在关注你，我们关心你的想法和感受。这就增加了亲子之间调谐的感觉，会带来更紧密的亲子联结，若家庭亲子关系紧张，增强调谐也会迅速缓解紧张局面。然而，如果父母错过了孩子发起的行为，孩子错过了父母回应（例如父母没能接收到孩子的互动邀请），"坏循环"逐渐酝酿形成，在关系紧张的家庭中迅速蔓延，频繁出现。视频互动指导鼓励父母关注亲子互动，通过观看亲子共享快乐时光的片段，帮助父母学会如何更好地互动。一旦父母开始给予孩子更多关注，亲子间就能建立更加调谐的互动——父母和孩子学会倾听彼此，并积极回应对方、轮流表达。父母因此学会缓和生硬的互动，这对亲子关系影响深远。相关行为包括：表达对孩子的兴趣（比如，转身面向孩子）；给孩子留出时间和空间（如不急于干预孩子的行为，或告诉他们该怎么做）；好奇地询问孩子正在做什么、在想什么、有何感受；寻求孩子发起的行为；用正面的语言命名他们对孩子的所见所闻、所想所感等。视频互动指导鼓励父母看到这些行为系列是如何为亲子调谐奠定基础的。将视频互动指导的原理和心智化理论结合运用大有裨益，有助于制订积极的计划，倾听孩子的心声，处理亲子关系。

本书旨在借鉴理论，传授给读者养育的方法，以供尝试。若你注意并感受到孩子的行为变化,亲子关系会更加密切。时常反思育儿过程,并开始理解孩子的内心故事,那就表明,我们已成功地将理论应用于实践。

# 1 反思性养育的起源

本章，我们将仔细地看一看反思性养育背后的主要观点，以及这些观点对于你和你的孩子享有积极和谐的关系有多么重要。我们将简要说明支撑这些观点的相关研究，以便你理解反思性养育这一方法的根本所在。反思性养育对孩子的成长有诸多好处。因其植根于安全依恋，有助于养育出更幸福、自信、成功和有韧性的孩子，让他们更有能力理解其他人的想法和感受。

本书接下来的章节将一步步带你学习相关方法，以成为更具反思性的父母，帮助你可以一旦你明晰的执念，开始你那些难以从孩子的角度看问题的地方。我们将为你提供一些工具和策略，向你介绍"父母三步法"的概念——培养真正的反思性养育所必备的素质（详见第4章）。在你苦于不知如何与孩子相处，也已试过各种方法来管理孩子的困难行为却收效甚微之时，如果你想尝试新的思路，可以参考此部分。不过，首先让我们来看一看"反思性养育"这个概念由何而来，并了解为何这个方法有益于孩子的成长以及你们之间的关系。

有关婴儿和儿童的研究发现，人类天生就有动力渴望去理解他人行为的意义，而且，似乎一出生就如此。自出生的那一刻起，婴儿就会本能地接近他们的主要照顾者。如果你愿意，他们会跟你互动，这是天生的。更重要的是，如果成年人向他们表现出关注，其行为与他们的情绪状态相匹配——也就是说，镜映出他们当下的感受和行为——以这样的方式来参与婴儿的互动，那么，对这样的成年人，婴儿是超级敏感的。当你以这种敏感的方式来回应你的宝宝，他就完全有能力保持注意力来与你互动。这种持续的"对话"会贯穿他的整个童年早期，如果一切顺利，还会随着孩子的成长一直持续下去。这样，随着与你有意的互动，宝宝的心理便开始成形、被构建和塑造出来了。

宝宝一出生，就得完完全全依靠你，需要你喂他、帮他变换姿势、给他保暖、保护他、抚摸他、让他感到安全。他与你的关系极其重要，因为，正是通过你与他的关系，通过你回应他的方式，你才能帮助他慢慢掌握一些技巧。这些技巧，能帮助他从童年期、青春期以及成人时期所遭遇的逆境中恢复过来。你将自己跟孩子的关系视为一个训练的机会。透过你，他可以去练习、去体验与他人的关系，你也可以帮助他做好准备，在家庭之外的世界中与人互动。在你每天与孩子的交流中，教会他别的人是怎么回事儿，这将是他人生当中最重要的课程之一。在你与你的孩子的关系当中，如果你对"他是怎么想的、他如何感受、他为何那样做"特别感兴趣，那么，你将帮助他发展情感。如果你与孩子谈论所有这些问题，那么，你将帮他认识自我、了解人们与他互动的方式。你对自己和孩子的关系思考越多，越能帮助孩子理解他自己的情绪和你的感受，那么，你们之间的关系将越融洽。

首先，让我们来看看婴儿是怎样学会与周遭世界互动的？最主要的是，他们如何与其父母互动？对于你的宝宝来说，这套关系"训练项目"会贯穿他的整个人生，事实上，早在他一出生，就在与你（也就是他的父母亲）的互动中启动了。

孩子刚来到这个世界的时候，他看待世界的方式、他的行为方式、他与人互动的方式等，都已经受到他的遗传史和气质的影响了。关于这些领域，已有大量重要的研究。我们承认这些因素的影响，也会做简要的说明。不过，我们的重点更多在于：自宝宝出生那刻起，你们的关系，以及你们各自，能为这段关系带来些什么。

婴儿出生时带着他们独有的情绪天性，它受很多因素影响。每个婴儿都有自己天生的气质。而后，他们在世界上会经历重要的人和事，气质就会与这些经历相互作用。这些经历体验包括：被抱在怀里、受到批评、获得关注或被忽视。气质就好比网球拍上线的张力，松得越紧，张力就越大，球拍对飞来的球的反应也就越强烈。这样一来，有些婴儿（比起其他孩子）对于他们环境中所经历的人和事，无论是什么，反应都更为强烈。

雌性激素会影响胎儿在子宫里的发育，而女性的孕期情绪状况又会影响其激素水平，所以，这继而会对胎儿及婴儿的发育，尤其是大脑的发育，产生重大的影响。母亲的压力与宝宝在子宫里的发育状况有着最为密切的关联。处于压力情境下，人体会释放皮质醇,这一激素对于胎儿影响尤其大。研究表明,如果母亲在孕期高度紧张不安,婴儿出生后往往更加烦躁不安、易激惹。这是因为,怀孕期间"过量"皮质醇对胎儿大脑的发育造成了负面的影响。但反过来,婴儿出生后,情感和爱则对他有深远而积极的影响,其中就包括:帮助婴儿发展研究中所称的"社会性大脑"。现在,我们从神经科学研究中了解到:婴儿发育中的大脑,由他们所处的环境所塑造。通过环境的模塑,大脑便能开始理解他人的想法、感觉和意图,这种能力被称为"心智化"。我们将在整本书中不断地提到这个词。心智化的基本意思是:根据信念、愿望和感觉,来理解自己和他人行为的能力。若事情进展顺利,你的宝宝便需要体验到与敏感的父母之间的关系。我们将通过这本书,帮你理解心智化这一技能为何那么重要,同时让你发现,在你每天与孩子的互动中,这一技能相当易于实施。说不定你已经这么做了,只是没意识到而已。

也可能某些宝宝有发育上的问题,让人难以在与他们的互动中保持反思性和敏感。比如,先天失明或患自闭症谱系障碍的宝宝,与没有这些发育问题的宝宝相比,他们向其父母发送的信号是不同的。那么,作为父母,如果你有一个这样的宝宝,他需要不同的养育敏感性水平,或者,需要从你那里得到不同的信号,这样他才能在与你的关系中最大限度地获得亲密感和安全感。

反思性养育有助于减少上述早期先天不足给孩子带来的负面影响。日益累积的证据表明,有反思性父母的陪伴,孩子长大以后,将能够发展出理解自己感受的方法,也更能调控自己的情绪

（自我调节），还会具备建立和维持关系所需的技能。

## 孩子最初是怎么学会管理感受的？

如何管理感受、怎样调节情绪，这些能力你的宝宝是如何学会的呢？这一切源自宝宝出生后的几周或几个月内他与你的互动。宝宝一开始并不理解某些感受和经历，但他的大脑会让他有所反应。他所处的环境中那些不熟悉的东西，比如气味、声音以及与父母分离，都很容易让他不知所措。比如小婴儿杰克正躺在他的小床上，来回扭动、哼哼唧唧。他越来越难受，开始哭了起来。在他的心里、在他的身体里，他的大脑和神经系统正努力管理这些不愉快的感觉。在他的妈妈瑞秋到来之前，关于他的内在感觉和外在发生的事情，他都没有任何参照点帮助理解到底是怎么回事。就好像他内心的感受只是随机发生的，和外界事物毫无关系。那么，如何帮助杰克管理他内心的感受呢？所幸，他可以完全地依赖一位外在管理者来应对他的感受——那就是他的妈妈。

婴儿的情绪发展是一个复杂的过程，几乎完完全全依赖于你、依赖于他的父母以及其他接近他的人。幸运的是，大部分时间你们都会自然而然地辅助这一过程，甚至未必意识到。你先是注意到，之后理解到你宝宝的情绪状态（他心里面想什么），然后，你在心里将这些情绪与某个触发事件或行为（他的心里之外）联系起来。以杰克的情况为例，是因为尿片湿了，所以杰克感到难受了。在现实情境中,可能会是这样的:杰克大哭时,妈妈的一句平平常常的将心比心的评论,就可以帮他把难受的感觉与湿尿片关联起来,比如,"啊,妈妈需要给你换尿片,对吗?""这不太舒服,是吧?"通过这些简单的话语,妈妈告诉杰克:她知道他有一个心理世界,他的心里面有想法和感受。这些想法和感受,与她自己的想法和感受是不同的,但是她知道,也可以告诉他是怎么回事。如果每次你都用语言将你宝宝的感觉与物理世界联系起来,你的宝宝就会逐渐开始理解事物是如何相互联系、共同运作的。当你说出你觉得你宝宝的心里面发生了什么,你就真的在帮他理解他自己、理解你以及理解外部世界。而所有这些,都可以在每天平常的亲子互动中达成。

> 当你这么做的时候,你注意到了吗? 问自己这个问题:"现在,我的孩子心里面可能在想些什么?"

此类"将心比心"式的话语,可以直接对孩子说,也可以在与你的伴侣和家人聊孩子的时候用。研究表明,与宝宝的想法和感受调谐,换句话说,以"将心比心"的方式与宝宝互动,意味着孩子在2岁时,更可能有安全的依恋、更好的语言和游戏的能力,在他上学以后,也更能理解他人的想法和感受。当孩子还是个小婴儿的时候,以"将心比心"的方式与他互动,还意味着,你的孩子在学龄前不太可能有行为问题。就算孩子再大一些,使用"将心比心"式的话语,对于帮助孩子理解他人、管理自己的情绪、与你保持联结,也极其有益。

在你做出"将心比心"式的评论时,你与宝宝的感受调谐,你的面部表情也会自然而然随之变化,以匹配宝宝的感觉。这便是"标记镜映"。你的面部表情或语音语调,将宝宝的感受反映回去,他便可以从你的脸上或语调中看到他自己的感受。

一旦宝宝看到你的面部表情,而这些表情回应的是他自己的感受,那么,他就开始把情绪与你的反应结合并关联起来,开始理解自己的状态了。从本质上说,你的表情如何,让宝宝知道了他自己内在的感受如何。由此,你的宝宝开始了解他自己的感受,关键是,他也开始管理自己感受,不会被这些感受所控制。这样做之所以有效,在于你是以这样的方式回应他的情绪——不仅向他表明你能够理解他有怎样的感受,还向他表明你能够对此做些什么。比如,杰克的妈妈会说:"让我把湿尿片给你换掉,换一片舒服、暖和又干爽的。"与此同时,她的表情给人温暖和安慰的感觉。杰克把妈妈视为自己的感受调节者。也就是说,妈妈支持性的、调谐合拍的临在,就可以帮助杰克管理他的痛苦感受。随着时间的推移和杰克的成长,他也就知道:感受是可以调节的。等他长大一些,他将越发有能力调节自己的感受,就好像这种能力从妈妈身上遗传到了他身上一样。如果有什么事儿让你烦心,这些事儿跟你自己的生活有关,而孩子又哭闹不停,那么,若想让你的语气和表情与宝宝的感受相匹配,你就需要额外付出努力,所以你极有可能会将自己的心理状态带入与孩子的互动中去,而你自己的这些状态,与孩子的状态又完全不同。这完全可以理解，也很正常，不过，由于宝宝需要你的帮助来调节感受，所以，当你无法提供帮助的时候，往往也就意味着，宝宝需要花更长的时间来调节他的感觉。这种情况下，最好是，你先花些时间调整好自己的情绪，之后，你将会以更好的心理状态来反思宝宝的感觉。

标记镜映

当宝宝逐渐长大，成了一个自己拿主意的、忙碌的学步儿，再到一个日渐独立的儿童，你持续关注他的想法和感受，仍然极为必要，也大有裨益。反思性养育——父母对自己的情绪有更强的觉察力，并且思考孩子的内心世界——已证明这对孩子的情绪发展有关键性作用。在与孩子的互动中，你反思能力越强，便越能帮他理解自身的感受。孩子们并不只是靠自己从困难行为中自发地成长起来，他们还需要你向他们示范如何处理情绪，而这会有助于改善他们的不良行为。或许你已经发现，在整个童年期间，随着孩子对生活中大事小事的感受变得越发强烈，他将越是需要你的帮助。如同身体发育一样，这类不良行为也是童年成长的一部分。对于情绪处理,如果孩子们未能从你那里得到帮助,那么,这些情绪就会加剧,因为只有更费周折才能从你那里得到回应。

## 婴儿有与人互动的技巧吗?

马特(瑞秋曾经的伴侣)带9个月大的杰克在游乐场里玩耍,他和另外两位爸爸聊起了孩子出生后第一年的生活。在谈到孩子出生以来发生了多少有趣的事情时,他们的看法不尽相同。一位爸爸觉得,当一个小婴儿的爸爸有点儿无聊,因为能做的似乎不多,但孩子大概一岁以后就明显有意思多了。另一位爸爸却发现,第一年很有意思,虽然有一点点艰难。对于生养宝宝,父亲与母亲的经历体验也可能有天壤之别,因此我们俩——分别作为男性和女性心理学家,同时也是父亲和母亲——共同撰写此书,希望通过本书能带给你们不同的经验。那么,无论你是父亲还是母亲,为了让父母和婴儿都产生更有趣的体验,有没有更多关于婴儿的信息呢?我们如何与他们建立关系呢?

宝宝出生时,你的感受是什么?在你望着他时,你想象他的小脑瓜里面都有些什么呢?你想过这个问题吗?当时你的脑子里都有些什么?在你的想象中,他能做什么?你有想过自己对此的直接影响吗?也许你还记得你的儿子或女儿刚出生的时候,他/她身处各种光线、声音、气味当中,好奇地注视着光影,然后他/她看向你,你记得吗?与其他人和事物相比,你的宝宝更偏好你——他/她的父母亲,更喜欢你的气味、你的样子、你的声音——他/她生来就有与你互动的欲望。你可能也发现,自己完全专注在让这个小家伙活下来这件事儿上,因此很少,甚至都没有想过"他心里面到底有些什么"这个问题。

一个刚出生的小婴儿,对世界一无所知的小人儿,会是什么样的呢?人们通常认为,小婴儿无法理解自己心里面以及外部世界的任何东西:他们来到这个世界,就如同一张白纸。的确,直到20世纪初,许多研究者都还认为,婴儿对自己或身边人是没有觉知的。试着回想一下宝宝刚出生后的最初几天和几周的生活,你主要关注的是什么?是在好奇他心里在想什么、他以后会成为什么样的人吗?还是说,你想着确保他夜间体温正常,不得尿布疹,奶吃得也还好?

直到今天,仍然有观点认为,婴儿的能力有限,一些育儿书籍也只关注管理他们的喂养、睡眠以及排便等日常程序性的事,却不关注你们彼此之间的关系。这些衣食起居的照料对婴儿的存活都很重要,也必不可少,不过,我们相信,在早期阶段就开始思考宝宝的心里面可能还有什么别的内容,同样也是有益的,而且的的确确至关重要。这些很难成为你的关注焦点,这可以理解,因为你想的是如何让这个新生命吃饱穿暖,最重要的是,让他活下来。不过,如果在早期就开始思考宝宝的心理,那么,以后在管理孩子的困难行为,消除你们关系中的问题时,你将会游刃有余。研究表明,开始思考宝宝的内心在发生什么,而且,重要的是,通过你与他的互动向他展示出你的思考,将会是极为不错的方法,有助于你的宝宝思考自己的感受,并且管理他的感受。

20世纪70年代,(育儿的)思潮开始发生变化,那时候,诸如特里沃森这样的发展心理学家,花了大量的时间观察新生儿和他们的父母。通过观察婴儿,特里沃森发现,当婴儿感到平静舒适时,他们的动作似乎是有目的的,好像在此之前,他们就知道自己想做什么。研究表明,婴儿在没有觉察到父母在场的时候,不常随意踢腿、移动或发出声音,但是在与父母互动的时候,他们却常常这么做。对新生儿的研究表明,仅仅在出生几小时后,当婴儿看到其他人动手指时,他们的手指就会动。随着时间的推移,他们的模仿能力会越来越强,显现出他们的学习潜力,以及改进动作协调性的潜力。所有这些都表明,从出生的那一刻起,婴儿就已经具备了很强的意愿,要去思考某个"他人",要与"他人"互动,而最重要的"他人"当然就是你啦。

婴儿出生后就会与人交流,而且用了吃奶的力气去交流。随着宝宝长大一些,他会开始感兴趣别人对自己的看法。想象一个9个月大的宝宝,抱着一个玩具给人看。对于一个小宝宝来说,发现新东西就很开心。当发现可以与别人分享这些乐趣,而别人也乐在其中时,那就更有趣了。对宝宝来说,当他看到另一个人对这些东西感兴趣的时候,这些东西自然就变得更有意思了。这一点值得记住,以便用在今后的生活当中,因为在你与宝宝玩耍的过程中,以及随后在他的童年期,你会看到,对于他所关注的某个东西,如果你也表现出兴趣,对孩子来说就会更富吸引力、更加有趣。这一方法可能十分有用,而你之前可能都没意识到。再想象一下,假如你在超市的收银台前,一个宝宝在婴儿车里睁大眼睛看着你咧嘴笑,你也会本能地睁大眼睛,向他咧嘴笑。宝宝天生就会从他人那里寻求积极正面的、富于表情的交流，并做出回应。而且，婴儿还能把关注自己的、细心的成年人吸引到某种互动和对话模式中，每天如此，持续几周乃至几个月。想想看，婴儿的表情是多么丰富呀！如果你注意到宝宝的表情和动作(比如皱眉、噘嘴、做鬼脸，或者蹙额、转头或踢脚)并且乐在其中，你就会激发他重复这些动作。你的宝宝也就知道，通过做出表情和动作，他可以引起周围成年人的反应，所以，当你以这样的方式来反应时，你就在帮你的宝宝参与到交流中来。婴儿便开始预期父母的反应，并享受于此，关键是，他们学习到，他们能影响别人。

亲朋好友在与你的宝宝互动时，你会不会对他们说"他对你很感兴趣"，或者"他最喜欢你这样"？ 如果是，说明你已经准确地猜到，你的宝宝有他自己的想法，而且，你已经开始了解他喜欢什么、不喜欢什么了。或许你也注意到，他对跟人互动感兴趣。婴儿不仅仅需要满足他的生理需求、需要连贯性和日常规律。他还需要与你互动，需要你与他建立关系。这听起来可能平淡无奇，但是，令人吃惊的是，更多人专注于照顾宝宝的生理需要，而忘记抽出时间来关注宝宝脑子里实际上都在想些什么。

## 婴儿更喜欢与他互动的人

尽管通常来说婴儿对人都感兴趣，但他更感兴趣的是与回应自己的人互动。对那些对自己敏感的人，婴儿很自然地回应得更好一些。婴儿喜欢人们与他眼神接触，向他富有表情地扬扬眉毛，与他轮流来回表达，等着他回应，而且，能够用语音语调和面部表情来匹配他的感觉。用言语或非言语的方式表现出感兴趣的人，婴儿尤其喜欢。相比面无表情、含有敌意的脸，生动活泼、感兴趣的面孔，肯定更有吸引力，也会立即吸引婴儿与之互动。我们成年人也是这样。一个销售人员，若他努力与我们互动，明白我们的需要，便更有可能卖出产品给我们。然而，推销宣传不能过分，需要符合我们当时的感受和意图，推销员过于热心，跟漠不关心几乎一样，效果都不好。研究发现，如果一个研究人员先花时间和一个14个月大的婴儿互动，然后再表现出对某个东西感兴趣，婴儿便更有可能把这个东西拿起来，然后递给研究人员。如果成年人与婴儿建立了真诚的联结和交流，那么，婴儿似乎就会对成年人感兴趣的某个东西更感兴趣。当婴儿感到"你已经注意到，并且理解了我的感觉"时，他们便更有能力学习并探索这个世界。他们感到自己被倾听了，这就会建立信任感。

### "我会不会让你觉得无趣？"—— 拥有对你感兴趣的心智

如果婴儿有一些技能可以带入到他们与你的关系当中，那么，你觉得你可以为这一关系带入什么呢？理想情况下，我们与孩子之间的互动，就好似两位音乐家之间的即兴演奏。这一即兴演奏以当下时刻发生的事情为基础，就像两个音乐家不受老的乐谱或模式的影响而相互回应一样。假以时日，就可以弹出好听的曲调，两个音乐家之间也会彼此同步。在育儿过程中，我们会响应孩子的想法，他们也会响应我们的想法，不受其他因素影响。这会让我们充分关注孩子在做什么或说什么，而且我们也将有能力跟随他们的引领。这无疑就是反思性养育的一个方面。不过,在我们与他人互动的过程中,情况并不总是如此。

你有过这样的经历吗:你和有些人在一起,却感觉对方对你没啥兴趣?你正聊着最近发生的事,给对方讲一个朋友的趣事,但却注意到他们好像走神了,在看表,甚至拿起手机发消息。你当时是什么感觉?会不会让你更想努力抓住他们的注意力?讲个笑话?甚至再加点表演?或者,你退缩了?开始感到有点没信心了,然后不说话了,决定下次你再也不晚上出来活动了,因为既然得到的是大家不感兴趣的反应,还不如自己一个人自在点儿。你开始怀疑自己也许真有点无趣。现在,想象自己是一个小婴儿或小孩子,你感到爸爸妈妈对自己不感兴趣。你可能会用前面提及的某一个办法来吸引他们,或者,把那些寻求注意的办法轮番都用,或者,你可能干脆退缩了。

让我们再回到你出去和朋友共度的那个晚上,这一次,你感觉跟你一起的人对你要说的话、对你的感受,都很感兴趣。他们的面部表情、他们问你问题的方式、他们倾听你的方式,都给了你充分的关注。瞬间,你不仅觉得跟他们更亲近了,而且在某种程度上,你对自己的感觉也更好了,你们的谈话如行云流水流畅顺利。对孩子来说也是这样,因为当最亲近的人倾听他们说了什么、有什么感觉,并且以一种支持其感受的方式来回应他们时,他们就会感到兴致勃勃,也会有价值感。当你的孩子感觉到你为了他而在那儿、对他的想法和感觉感兴趣,那么,他们将会敞开心扉,不仅去了解他们自己的心理,也会去理解你的心理。这就如同你的朋友关注你,对你很感兴趣,你就会和他们经历一个更美好的夜晚。同样的,如果你表现出你在宝宝身上看到了有价值的东西,他也因此会体验到自己有价值的感觉。

这里重要的是:有人不仅仅注意到你的心理,还能够做出回应,他们回应你的方式符合你自己的感受,而且,他们也对你心里是怎么想的感到好奇。相比之下,有的人不仅仅对你的内心感受没有表现出兴趣,甚至他们可能都不曾留意到你有任何感受。

现在,想象一下,瑞秋带着小宝宝杰克在公交站等车,天正下着雨。这种日常情景,有很多种方式来处理,不过,瑞秋如何应对这种情景,其方式之间的细微差别,会对她和杰克到家时的感受产生巨大的影响。在和杰克互动时,如果瑞秋能吸引他的注意力,既表现出对他感兴趣,同时又向他展示周围的世界,那么几乎可以肯定,母子俩一定会有不同的体验。比如,想象一下,如果瑞秋扮了个鬼脸,或者,表现出对雨滴很感兴趣的样子,当雨滴落到她手上的时候,她微笑着让杰克看自己湿漉漉的手,以此来打发时间。杰克便能够参与其中,尤其是当他看到妈妈生动的表情,显示出很感兴趣,他的回应也很可能是兴趣和兴奋。不过,要是瑞秋觉得有点烦闷,正为财务问题和前夫的关系问题伤脑筋,而且,在雨里等公交车的时候只表现出了不耐烦,那么,她就可能根本想不到要与杰克互动这回事儿。公交车迟迟不来,她很不耐烦,她的心思不在杰克身上。由于没有互动,缺乏关注,杰克开始无聊了,也感到沮丧,开始哭了起来。上车后,母子都感到烦躁,不想跟对方交流。最糟糕的场景大概就是:回家的这一路上,在坐满人的公交车上，婴儿尖叫不停，母亲心烦恼怒。尤其需要注意的是，作为父母，我们不会突然间就变得平静、能够心智化，这种情况不会自然而然地发生，因而如果我们在平常平静的时候练习心智化，那么下次在压力情境下的时候，这些技巧就能帮到我们，不过，我们可能需要一次又一次有意识地练习心智化，才能学会自我调节。这个例子说明，父母的行为和情绪状态影响孩子的行为和情绪状态，反之亦然。

# 在亲子关系中，你带入了什么？

我们可以想象，在每天与孩子的互动中，你经常没能以自己认为应该的方式去做，而事后才想到你当时应该怎样做。可能过后你会对自己的所作所为感到惭愧或者失望吧？可能觉得自己被卷入互动，做出了一个过火或过于消极的反应？比如，孩子问你一个简单的问题，你厉声怼了回去，并且感到极其恼火。有没有想过为什么会出现这种情况？我们对孩子做出回应或反应的方式，会受到很多因素的干扰，其中有两个因素尤其突出，使我们很多时候很难与孩子一起享受自由顺畅的"即兴互动"。一个是你作为孩子时被养育的方式所带来的影响，另一个是你在与自己孩子相处时，你的强烈情绪所带来的影响。

### 你被养育的方式所带来的影响

每个人看事情的角度不同。对于某些情境，我们可能比别的人反应更大，而有些事情我们则有可能根本就没注意到。比如，卡伦走进一家商店买东西,她问了店员一个问题,听见对方叹了口气。她反应很大,认为对方叹气就是在小瞧她,对她不尊重。在她走出店门的时候,她开口大吼大骂起来。但对同样的场景,也许有些人压根儿就没有注意到店员的一声叹息,而另一些人可能会认为店员只是工作一天累了叹口气而已,跟自己没啥关系。然而,如果我们多了解一些卡伦的情况,知道她小时候被批评和不被人喜欢的养育经历,就容易理解她为何对于不被人喜欢如此敏感了。过去的经历真的能够对现在产生强大的影响。卡伦的例子可能有些极端,但你也可以想想自己生活中的某些事情。比如,你发现自己对于批评很敏感,感到非常容易受伤。又比如,在工作中、在开家长会时,你觉得没人听你的想法,你会联想起以前小的时候不受重视、被人无视的经历。觉察到这些影响很有帮助,意识到基于过去的影响,我们会通过不同的透镜来看待这个世界以及人与人的关系,也很有裨益。

同样重要的是,要意识到我们如何注意、如何解释孩子的行为。我们小时候与自己父母相处的经历,影响我们如何看待自己的孩子,也影响我们与孩子如何互动。在你最脆弱、最易受影响的人生阶段(婴儿期),你的父母和家庭环境,便是你所知道的一切。不管是婴儿时的啼哭,还是上学时的担忧,你的父母都会对你所做的每件事做出特定的回应。你的早期经历,你作为孩子如何被养育长大,影响着你的一生。父母对你的影响已然印刻在你的脑海中,你如何处理这种影响,对你如何处理你与自己孩子之间的关系,可能比你已经意识到的,还要重要得多。一项有趣的访谈研究发现,孕妇们童年时期被养育长大的经历,可以被用来预测未来她们与孩子的依恋关系类型。比如,一个安全型的父母,会继续与孩子形成安全型的依恋。尤其是,将过去与未来的育儿风格联结起来的,与其说是母亲在童年时期的经历,倒不如说是她谈论、反思这些经历的方式。这一点,对于理解和思考如何在当前育儿的方式中变得更有反思性尤为重要。接下来的两章都将以此为焦点。

在你的婴儿时期,如果父母或照顾你的人能够识别并谈论你的心理,那么,你便极有可能在这个关系里感到安全,感到被理解。对你的孩子达成这种程度的理解,可能听起来很难,但实际上非常容易,因为这些谈论通常都发生在每天最平凡的日常互动中,比如在换尿片、喂食或者哄他睡觉的时候。这个时候你的表情会反映出宝宝当前的感觉,而后,你的表情会充满安抚和抚慰的感觉。所以,具有反思性会促进安全感,但是,如果你自己的童年未曾有过这种类型的依恋关系,但现在又想尽力为你的宝宝提供这种依恋,你可以做些什么呢?这可以做到吗?即使你的童年经历真的很不容易,我们都将带领你学会采取反思性的方法,与你的孩子发展出一个更安全的关系。

要意识到你与孩子的所有互动都是主观的,也就是说,你是在解释和理解情境,而不是根据事实,使用客观上完全正确的方式来回应孩子。我们每个人都是如此,以不同的方式主观地回应孩子,这些方式对我们来说都是现实可行的。重要的是,要开始思考,如何才能将你过去的体验与现在你与孩子互动中的感受区分开来?

比如,当卡伦要求2岁大的女儿莫莉上床睡觉,她说"不"的时候。卡伦有一种强烈的被拒绝的感觉，这些来自她自己小时候经常被父母拒绝的经历。在当前与女儿的互动中，她的反应是基于一种强烈的感觉——感到自己的女儿也在拒绝她，并且她感到自己不得不在莫莉面前退缩，就像当年她面对自己父母那样。显然，长此以往，卡伦对2岁女儿行为的负面反应，恐怕会让女儿觉得自己被拒绝了和没有安全感，继而有可能导致她更加拒绝母亲，形成拒绝的恶性循环。

所以，学习成为更具反思性的父母，必须认识到你过去的经历在现在的亲子关系中所起的作用。在这个例子中，如果卡伦能开始把她自己的童年经历与当前的场景分开，她就更能带着好奇和兴趣去反思孩子的行为了。她也有可能会把莫莉的反应看作一个发育的阶段性特征，或者，她认识到，这一反应与她女儿感到不高兴有关，因为妈妈错过了她的洗澡时间。卡伦这样的理解会让她的孩子产生安全感。当女儿开始体验到妈妈能够谈论自己内心的感受，更积极的互动就会逐渐产生。这是另一个"将心比心"的例子，即父母有能力谈论他们如何思考孩子的思想和感受。值得注意的是，如果父母能够准确地谈论他们怎么思考孩子的心理，那么，这些孩子就能更好地理解他人。反思性的回应是什么样的呢？举例来说，卡伦可以这样说："我猜，你有点不高兴了，是不是我回家太晚了，没时间陪你好好玩就让你睡觉，你感觉很不好，是吗？"

## 与孩子相处时，你的强烈情绪所带来的影响

你会受到强烈情绪的影响，这些情绪可能来自亲子关系的情

境,也可能来自别的场景。试着回想某个最近与孩子相处的困难时刻,问一下你自己,当时你的情绪反应是否符合当时的情境。你的反应是否过度,你认为可能是什么使得你这样反应? 你的朋友对你在这种情况下的反应会有什么想法,他们会看到什么? 你能把当时的反应与以前的情境联系起来吗?

举个例子:

丽莎回到家,这天早些时候发生的事情令她感觉很有压力。铺天盖地的要求、不得不满足其他人的需要,让她烦躁易怒、心生恨意,不过她没有觉察到自己感觉如何。结果,丽莎还没有坐下,女儿艾拉就过来要番茄酱和饮料,还抱怨哥哥查理的薯片比她多。丽莎怒气冲冲地把盘子扔在桌子上,冲进厨房,咕哝着脏话——她反应过度了。

这样的情形在每个家庭中几乎都会发生,回顾这些情况发生之前发生了什么,回顾和反思可能有所帮助,这样你就能更清楚,生活事件是如何导致困难情况发生的。意识到在亲子关系中体验到的强烈情绪,这很重要。比如,如果你感到有压力,那么,这就会影响你如何回应一个因疲劳而烦躁尖叫的宝宝。这会改变你对宝宝的理解,你本可能会把哭叫理解为他需要安慰或者食物,但在你本想独处的时候,你很可能把他的尖叫解读为是故意要折磨你。比如下面这个例子,丽莎和她4岁的女儿艾拉在睡前的日常情况。

开始时一切顺利,丽莎带着女儿上楼,开心地洗完澡,接着给女儿讲了两个故事,亲吻她、道晚安,之后她走下楼。她感到和小女儿很亲近,很开心她们享受了这段美好亲密的时光,母女俩都感受到爱和安全。下楼到一半时,丽莎突然听到女儿喊:"我饿了,我要吃零食。"丽莎回应道:"这么晚就别吃零食了,而且你吃过晚饭了,赶紧睡觉吧,亲爱的。"女儿又喊道:"我不喜欢在我的卧室里,我能和妈妈一起睡吗?"丽莎现在有点没好气了,她回答说:"该睡觉了,妈妈已经很累了!"她们俩就这样你一言我一语地对话,丽莎有点生气了,开始对自己嘀咕:"我已经累了一天了。什么时候才能坐下来安静一会儿?"艾拉也开始难过,不久两人都很生气,几乎都要哭了。

那么,两人的关系为何这么快就由亲密变成了对抗?很显然,丽莎已经无法思考对方的感受了。她的孩子也受到了影响,感到心烦意乱、无法思考,两个人都失去了关心彼此、亲近对方的能力。那么,可以怎样应对这种情形而不令自己大发脾气呢?

被人误解让人很难受,而且母女俩都觉得对方不理解自己,这种心烦意乱的情形也能让母女双方都想逃离放弃。丽莎意识到了5岁的女儿不理解自己,她满脑子想的是这样的问题:"为什么她就不明白,我已经累了一整天,现在实在没有力气伺候别人了。"而她女儿脑子里想的可能是:"妈妈一直在上班,我一整天都没见到她了,我就只是想要她多陪我一会儿,再给我讲个故事而已。"在这个例子中,母亲很难回应孩子的需求,因为她当时有强烈的情绪。这种强烈的情绪决定了她对女儿的行为会怎样理解和做出怎样的反应。一旦我们对某件事情产生误解,便会根据错误的假设来行事。

所以,在这个例子中,丽莎可能会觉得,艾拉在故意"捉弄",甚至有意"激怒"自己,而艾拉则可能会觉得,自己被妈妈抛弃、忽视,甚至可能觉得自己没人爱,没价值。

## 对于反思性养育,孩子的感受是什么?

假如你给1岁的宝宝过生日,她正在吃一块大大的巧克力蛋糕,嘴巴都塞不下了。她睁大眼睛,冲你咧嘴笑。你可能会有以下三种反应,想一想这三种反应分别会给宝宝带来什么样的影响:

A. 你也睁大眼睛,笑呵呵地看着宝宝,说:"哇! 巧克力蛋糕真好吃,是吧? 蛋糕比你的嘴巴还要大呀,但你还是能把它塞进嘴里,对不对?"然后你笑了。

B. 你皱着眉,沉着脸,瞪着宝宝说:"看看你干了什么! 弄得满脸都是,这么大一块蛋糕,吃完会生病的,到时候还得我来伺候你!"

C. 你看了宝宝一眼,面无表情,既没有笑也没有皱眉头。你正在努力回忆自己过生日时有没有吃过蛋糕,然后你突然想起父母吵架的画面,你记不清当时自己多大了。

这三种不同的回应对于1岁的宝宝会产生以下不同的影响,当然,下面的想法不是宝宝在意识层面想到的,而是真真切切体验到的:

A. 妈妈能知道我喜欢蛋糕,而且也知道我现在很开心。我开心,妈妈也就很开心,而且,她是真的对我的感觉感兴趣。

B. 蛋糕很好吃,但是我不确定我很享受。妈妈看起来很生气,不知道为什么,我感觉有点儿糟。也许蛋糕也不是真的那么好吃。

C. 我不知道自己现在的感受是什么,甚至不知道我是否有什么想法,或者我是谁,我是什么样的。

在A情境中,1岁宝宝体验到的感觉是:妈妈真的和自己一起体验到了品尝美味巧克力蛋糕的感觉。在这个例子中,妈妈以一种接受孩子心理状态的方式,完完全全打开心扉向孩子的经验开放。妈妈形容蛋糕"美味",说道:"比你的嘴巴还要大呀,但你还是能把它塞进嘴里。"这样的表达是在说:"我知道你现在对蛋糕的感受和想法是什么,我也知道你在整个过程中的体验是什么。"她之后发出的笑声,显现出母女二人共享喜悦的时刻。妈妈的笑容当然是出自她自己那种很享受的感觉,这种感觉来自看到自己1岁的女儿那么开心,不过,她的笑容也是小宝宝当时心理状态的反映。这一刻,母女共享同样的感受,对于母亲和孩子来说,这是一个单纯而强烈、共享乐趣的时刻。

对一个小婴儿来说,在某件事情中体验到个人的乐趣,是非常美好的,而同样美好的是,看到这些乐趣从父母的表情和声音中映射出来。这种感受——"不仅我对此感觉好,而且看起来你也一样享受其中,这表明我和你(妈妈)的感觉都很好"——对你的宝宝来说,这就让吃巧克力生日蛋糕这件事的体验,好像从一张黑白照片变成了明亮的、五彩缤纷的彩色照片一样,没什么比这感觉更棒的了。

## *总　结*

当你将宝宝的内心状态映射返回给他时，他就会知道，他有一个内心世界，而这个内心是独立于母亲的内心而存在的，而且他的内心是可以理解的，是有意义的。父母通过推断孩子内心发生了什么，并对此进行精确的"镜映"，从而开启了反思性育儿。在你映射回你自己的想法和感受时，你也让宝宝理解到，原来别人也有他们自己的想法和意图。你一旦开始与孩子谈论你如何看待他心里面的内容，你就在做我们称之为"心智化"的事，这有助于向他表明，你知道他的想法、感受和愿望与你的想法、感受和愿望各有不同，同时也向他表明，你能够理解他的心理，并且能够映射返回给他。更重要的是，如果没有你的言传身教，你的宝宝就无法学会这些。所幸，让孩子了解思想和情感实际上很简单，毫无疑问，在每天的日常亲子互动中，你已经不知不觉地做了很多。稍加学习，你便可以意识到，何时做得好（当你在"心智化"的时候），何时觉得很困难。我们每个人都有成功"心智化"的时候（只有30%的时间），而大部分时间，我们都做得不够好。反思性育儿旨在帮助你更多映射返回你孩子心里面的内容。随着心智化能力的提高，你将逐渐看到，这对他的行为方式以及你们的沟通方式所起的作用。

## 2 父母导图

在本章中,我们将向你展示:思考与孩子关系中的你自己,即自我反思有多么重要。你需要考虑以下问题:可能是什么在影响着你以某种特定的方式感受事物? 你如何反应、你能从自身的反应中发现什么模式吗? 在这些情形下你在想什么? 这些问题会帮你思考自己的长处与不足;作为父母,我们都有各自的长处和不足。你可能会发现在养育中,某些方面、某些角色,你可以轻松应对,而在另一些方面上却可能存在困难。

> 如果我们可以进入孩子的内心,而且能看到他对你作为父母的看法,你希望他如何看你? 关于你,他会说些什么呢? 你的长处在哪? 什么样的品质是你真的想要他看到的?

成为父母,需要一大堆技能,而且你往往还要依据不同的情形,在亲子关系中扮演各种角色,起到不同的作用。父母就是这样的人,有的时候要教导和支持孩子,给予他爱与安慰;即使他不开心或者生气,也要坚守原则和底线,逐步使他养成习惯,还要煞费苦心去理解孩子的想法。你在行使这些角色功能时,感到舒适自在吗?你在行使某个角色时是否更自然些呢?若想思考上述问题,方法之一便是:试想你在各种情况下的情绪反应。因为这能帮你识别、判断自己在育儿领域当中哪些方面更成问题。为了帮你进行自我反思,思考是什么让你成为了这样的父母,我们构建了"父母导图"。

在我们看来,成为父母就像去远征、去探索未知的领域;你不知道目的地何在,不清楚如何到达那里,也不知道这场旅途会如何影响你自己。而一份事先准备好的导图,就十分有用,它可以引导父母如何思考、感受和行事,并助你应对棘手问题。不过,由于每个人经历各异、养育过程特殊,影响因素也千差万别,因此没有现成的导图可照搬照用。然而你可以绘制自己个人的父母导图,也就是建立起自身作为父母的图像。绘制父母导图这个过程将持续贯穿你孩子的童年,甚至更久。思考、制作父母导图的过程远比实际结果更重要。父母导图需持续更新,这主要是因为,随着孩子的成长,以及他在自己的世界里与他人的互动,他的想法和感受也在发生变化。此外,你生活中的某些方面可能也一直在变动,所以,你的父母导图也需要适时调整。本章旨在启动你开始构建导图,通过自我反思将内心故事进行整合,从而帮助你从不同的角度认识自己。随后在第3章,我们将为你提供察觉和管理强烈感受的策略。

# 构建父母导图：觉察你自己的内心

你与孩子接触和互动的方式受何影响？对此有更多的觉察，进而构建父母导图，这对于反思性养育很重要。想让你的导图保持连贯性，需要你长期探索，不懈努力。一旦你开始反思你的导图，反思得越多，你在思考孩子、思考你如何与他互动时就会有更佳的视角。这能让你之前一直难以改变的行为产生积极的、长期的改变。

让我们来指导你构建导图。我们认为，有三个要素（参照点）可以增进你的自我觉察意识。一旦你开始关注这三个参照点，它们便会助你建立并界定作为父母角色的你自己。

## 参照点一：当前的心理状态

构建你自己的父母导图，首要的一步是：觉察你自己，对你自己的心理状态好奇。请试着问问自己："此刻，我的感受如何？什么让我产生这一感受？"以及"我现在在想什么？"试着开始站在自身之外来观察自己内在的想法和感受。当然，这需要一个过程，因为我们永远也不可能持续不断地觉察自我。我们经常不明就里就采取行动，不假思索就做出反应。虽然多数情况下，这么做并无大碍，不过，如果你对自己的感受更有觉察、关注你的内心发生了什么，你将会发现，你与孩子互动的质量会更高，这是多么享受的事儿啊！这之所以重要，在于你自己的感受不仅会强有力地影响孩子的感受和行为，还会极大地影响你怎样应对你与孩子之间的互动。

### *为什么我们必须要感受?*

觉察你的内心正在发生什么,很大程度上意味着你能够理解自己的情绪和感受。但是,为什么我们必须要有感受呢? 感受在我们的生活中又有什么功能和用处呢? 通常来说,对于是否要有一个情绪性的生活,我们是无法选择的,因为我们的感受就在那儿。几百年来,我们的大脑已经演化和改变,但是,大脑中负责情感的区域却一直保持不变。这意味着我们体验情绪的能力最先形成,而其他功能,比如推理和理性思维,则发展得要晚很多。这说明在某种程度上,情绪是我们生存的基础。

根据大脑的构造,情感中枢对其他脑区有更强大的影响力,其中也包括对思维的影响。这意味着情绪可以轻易支配理性。我们很容易感情用事,被强烈的感觉操控,然后猛烈爆发,却并不总是知道为何会这样,或者搞不清楚自己是怎么回事。我们当时的行为,往往被自己的感受(而非思想)所掌控。

试想这样的场景:你正搭乘通勤列车回家,此时正是下班高峰期,站在旁边的一位男士不停被其他乘客推搡,他越来越烦,突然爆发了,因为他觉得有人故意不让他坐那个空位置。在肾上腺素的作用下,一股突如其来的怒气将这位男士淹没,他开始冲推搡他的那个人(即使可能纯属无意)咆哮,随后两人动起手来。在这个例子中,强烈的感觉占了上风,取代了所有的理性思维,他已无法思考当时该做什么,或者对方的真实意图和想法可能是什么。

或许最好把情绪视为行为的推动力,情绪让我们不假思索地应对生活,而我们有时能意识到这一点,有时却意识不到。在我们尚未意识到,或者未能有意识地控制它的时候,就已经有了行为的倾向性。如果感受能对我们的行为和人际关系产生如此负面的影响,一如前面的例子所言,那么,为什么我们还需要有情绪呢?

与动物相比,人类对于情境的情绪反应要复杂得多,情绪反应的变化范围也要宽泛得多。同样,我们的社会生活也很复杂,而情绪可以帮助我们管理社会生活。从出生起,出于本能,我们就会从母亲那里寻求温暖、食物和安慰(生理本能),不过同时,我们还必须去与他人建立联结和关系(情感本能)。通过这些情感联结,我们不仅学习了解他人,也学习理解自己。脑部外科手术可以证明情绪有多么重要。当大脑内情感中枢被切除时,病人就完完全全失去了对人的兴趣;病人说自己没有情感,也辨识不了别人的感受。他们虽然能够与周围人交谈,但似乎更情愿自己一个人待着。因此,在人际关系中,情绪可以起到信号的作用,有助于我们与他人建立联结。尽管我们意识不到发生的过程,但当我们感受到某种情绪之时,就是它在告诉我们关于外部世界的某些信息,以及我们相应做出了怎样的反应。

之所以要强调关注自己感受的重要性,是因为一旦我们知道了自己的感受,甚至理解了为什么我们以某种方式来感受时,我们就能利用它在生活中做出更好的抉择,学会控制我们的冲动。如果我们发现自己在对孩子发火,就有可能想去搞清楚这股怒火,是否实际上与我们对自己或对自己生活的感受有关。弄清我们当前体会到的感觉,而不只是做出的行为反应,我们就能开始调节情绪,还能以恰当的方式表达这些情绪。

再回想一下那列拥挤的通勤列车。如果你身边那位男士能觉察到自己的感觉和想法,觉察到这些想法和感觉正让自己越来越愤怒,他可能就不会做出如此冲动和过激的行为了。清晰地觉察你自己的感受,就给了自己一个机会,可以分析是否该做出反应,以及如何反应。

### 参照点一在反思性养育中的运用

现在我们知道,感受对于我们在周遭社会中的人际关系和交流互动至关重要,而觉察自己的感受,则有助于更好地反思与孩子之间发生的种种情形。那么,对你的导图中这一参照点留心注意,如何应用于反思性养育,帮助你提高自我觉察呢?又如何助你发展与孩子的关系呢?让我们通过一个例子来思考一下,看看对你的感受加以思考如何让你获益。

这是一个周日的下午,天气湿冷,乔恩正在家照看孩子们。他本来晚上要去见朋友,但朋友放了他鸽子。妻子丽莎跟朋友出去了。孩子们要么很黏人,要么调皮捣蛋、不听话,这让乔恩真的头大。4岁的女儿艾拉抬头望着他,眼泪汪汪地说:"爸爸,你今天不想和我一起玩!"看到女儿哭了,乔恩很愧疚自己让女儿不开心,他开始好奇,自己为什么不想和孩子们一起玩呢?他注意到自己已经感到无聊和烦躁了。他开始意识到,自己烦躁的原因是没能和朋友们出去,而心里想着要出去,却不得不在家看孩子,这让他很生气。他对自己的感受有了更多的觉察,尤其是觉察到孩子们的行为带给他的挫败感时,他就更清楚自己应该怎样对待孩子们了。换句话说,乔恩意识到自己的心理状态及其对自己(行为)的影响,有助于他觉察到自己可能会对孩子们产生什么影响。他内心感到一丝歉疚。他让孩子们自己玩耍,孩子们不乐意,他就感到恼火。一旦他对为何会这样感到好奇,并且开始反思自己,他就能开始考虑改变自己的行为了。

这个例子中的最后一句话,真的是我们首先要考虑的最重要的部分。乔恩开始好奇,为什么孩子们会出现不良行为,并且将他自己的感觉——受挫感和失望感——联系起来。好奇是重要的第一步,但有意思的是,在我们的日常互动中,往往也是被忽略(或者被漏掉)的一步,之所以这样,是因为我们经常只是做出行为反应。然而,对你自己如何感受感到好奇,这在反思性养育中至关重要,因为这会让你明白,你自己的情绪状态是如何影响孩子们的。同时,好奇心也让你进一步反思,将你的情绪状态与你个人生活中发生的事情联系起来。最重要的是:我们的孩子接收到了什么信息,而不是我们觉得自己给出了什么信息。因此,弄明白"我们想要做什么"与"我们实际上做了什么"这二者之间的差异,对于理解孩子如何看待我们,是十分关键的。能够培养好奇心,弄明白是什么让你感到心情不佳,这会有助于改善你以后跟孩子的互动状态。

是否发生过这样的情况:你对孩子发了火,随后你意识到,你发火不是因为孩子做错了什么,而是自己身上发生了某些事情?

抱有好奇心,这首先涉及对你自己的情绪感兴趣,然后是观察孩子交流时的情绪"语气"。一旦你开始对孩子的世界感到好奇,那么,你就开始具备一种能力,即以不同的方式思考他为何那样做——你不只是注意到孩子的行为,而且开始解读他的行为。如果你多多觉察自己的情绪状态,就不太可能对孩子的行为做出冲动的反应,这完全是有百利而无一弊。让我们回到上面的例子上:

乔恩发现,自己一开始就把孩子们的行为看作抱怨、黏人、对抗。直到艾拉眼泪汪汪地说出了那番话,他才明白,原来孩子们感到被忽视了,才做出那些不良行为。之后,他开始想,也许他们看到爸爸对自己不感兴趣,就觉得被忽视了,也许他们调皮捣蛋的行为是为了引起爸爸的注意,好让他陪自己玩。厘清他的心理状态后,乔恩就能够看到自己的心情正在影响着孩子们,而孩子们想和他在一起。这让他与孩子们建立起了联结,与他们协调了,并找到某种方式愉快地与他们相处。

反思性养育这一方法,指导你首先试着去弄明白自己的内心世界,然后再尝试去理解孩子的内心可能正在发生什么。有的时候,你自己的内心失去了头绪,要理解孩子的内心故事就更难了。反思性养育则鼓励你养成一种觉察力,或者说,在心里创建一个空间,在其中思考你自己的感受和内心想法。换句话说,"具有反思性"可以让你看到,"将你的关注点切换到自己身上,关注你当前所感所想"有多么重要。这样,你才能在自己心中创建一个空间,来思考你孩子的内心正在发生什么。由此带来的好处是,你会开始用一种截然不同、更善解人意的方式与孩子互动。一旦开始以不同的方式与孩子互动,你就会发现,在孩子的行为和你与孩子对彼此的实际感觉上,都会发生真实而重要的改变。让你的思维适应这种思考方式并不容易,需要一些练习,一开始做得不自然也没关系。不过只要经常这样做,就会建立连续性,逐步建立起对孩子的反应模式。

## 参照点二:过去的经历和关系

我们总是提及父母过去的所作所为,有的时候会埋怨他们,觉得是他们造成了自己现在的状况,有的时候又感激他们。常言道"有其父,必有其子",这话听起来似乎有些冒犯,但也恰恰说明我们倾向于思考父辈对自己的影响。显然,小时候与父母的关系,对我们的安全感、我们的人格和成长,都有重大的影响。

构建反映你如何被养育的地图

在心理学学术界，很多著述都在探讨早期童年经历如何影响我们当下的情绪、处理情绪的能力，以及享受健康人际关系的能力。我们无法在此展开论述这个话题。就觉察你自己和你的情绪来说，我们希望你能做到：反思你的过去经历如何影响你现在可能会有的感受，或者，如何影响你每天与孩子的互动。倾听来自我们过去关系中的声音，可能会让我们不再重蹈覆辙，不再重复父母的行为方式，或者相反，在回想那些有益于成长且仍历历在目的事情时，我们会会心一笑。无论你自己作为父母的反应如何，都有你的父母或者在你成长期间照看你的人所留下的印痕，它们留存于你的头脑中，而这些经历性质不同，对你当下的反应影响也不一样。也就是说，我们当中有些人可能会感到深陷于儿时的经历之中，而另一些人则可能会较少受到过去的影响。不过，可以肯定的是，你如何处理过去经历所带来的影响，深深影响着你如何处理与孩子的关系，其中的重要性可能超乎你的想象。

觉察到这一影响，不要忽视它对你当下情绪状态所起的作用，这将对你与孩子的互动有很大的帮助。有时候我们可能会发现，自己做事的样子或说话的腔调，就跟我们自己的父母说话做事的样子如出一辙。我们有可能"继承"了父母的小习性：比如一位妈妈，为了找一串钥匙，在装满纸巾、口红、手机等物品的手提包里翻来翻去，这立即就让她回忆起自己的妈妈。那时，她妈妈在商店里翻手提包，而她则尴尬地站在旁边，为妈妈的健忘而感到窘迫。按说，这是段完全无害的记忆，可是她体验到的却是一种极为强烈的感受：觉得自己在做的某些事情，好像是过去无意识"继承"来的。

直到她的孩子用胳膊轻推了她一下，说："妈妈，快点！你好让人尴尬啊！"她才觉察到自己现在也正影响着孩子。

所幸，大多数人的童年生活都有足够好的体验，这意味着我们能够将一种安全感传递进我们跟孩子的关系当中。关键是，所有的婴儿都需要这样的父母：他/她能给予婴儿情感的支持，且在场，也就是说，这位父母能觉察到婴儿的需求。婴儿需要父母注意到他们的内心状态，也需要父母能以一种与其感受调谐的方式，某种程度上，以与其想法一致的方式来回应他们的内心，这一点再怎么强调也不为过。

### 参照点二在反思性养育中的运用

有时候，与父母的相处经历会让我们产生某些行为模式，并感觉这些模式不由自己控制。当你成为父母后会发现，某些童年经历总是挥之不去，就好比踏上旅途，背上的行囊里装的是别人的东西，没有多少东西看起来或者感觉像是自己的。也许在背包的最下面，你会发现一些有用的东西，或者，也有可能你觉得背着的包非常沉重，每当你开启新的一天，照顾孩子时，似乎都会拖累你。要想成为更具反思性的父母，关键的一步是，要理解在亲子关系中，过去经历所起的作用，不过这样做并不总是让人感到舒服。我们来看一个例子：

从卡伦记事起，她的父母便争吵不休。与家人朋友聚餐总让她忐忑不安，因为这常常变成父母两人的战场。卡伦知道，父母一言不合就会升级成矛盾冲突，所以她过去习惯于避开有分歧的话题。

当她和丈夫汤姆成为父母后,对于孩子们之间的不和应该如何干预,他们经常意见相左。卡伦有强烈的意愿想尽快平息冲突,化解紧张气氛,而她丈夫却认为,孩子们应该学会自己来解决分歧。

上述例子中,卡伦可能会开始反思,自己想要干预孩子们的分歧与什么有关?这一需要与什么联系在一起?卡伦自身的童年经历与她处理当下情境的方式之间是有联系的,明白这一点对她和汤姆来说都会非常有用。夫妇俩就会理解并意识到,卡伦的做法并不一定就是错的,而是说,她在当下采取行为的冲动被过去强烈的情绪所驱使。这样一来,卡伦可能就更有能力将自己的焦虑和担忧情绪从她与孩子们的互动中分离出来。

不过,尽管过去的经历的确会影响当前的情绪,但你的过去未必就是你的命运,清楚这一点也十分重要。成为父母后,你可能已经下定决心"不要像父母那样行事!"你甚至可能积极努力地与自己的宝宝建立一种不同的关系纽带。不过对有些人来说,这并非易事。如果你的童年经历不尽如人意,如何将你的心理转向你自己的宝宝身上,放到他对食物、安慰、关注、爱和互动的需要上呢?或者,如果你的宝宝需求太多,让你感到不堪重负,你无法满足他的所有需求,因为他需要的很多东西你觉得自己也很需要,那么,你又该怎么办呢?

提高自我反思能力、构建你的父母导图,将会帮你避免这些过去的负面经历对你当下的亲子关系产生强烈的影响。这听起来有些奇怪,或者说不可思议,但恰恰是这一积极思考你自己、发现意义的过程,才使得情况不同于过往。随着时间的推移,将你的反应和感受联系起来,将记忆的影响和过去的关系联系起来,并思考它们如何影响你自己的行为模式和互动模式,就可以逐渐防止过去的消极经历强烈影响你与孩子的互动。"觉察"是最关键的一步。我们都会发现,有的时候会滑到自己不喜欢的行为模式里去,我敢说,那就是我们过去经历的一部分。

### 参照点三:当下的强烈感受

就像过去的经历和关系会影响你的心理状态一样,当下的人际关系、信念和环境同样会对你产生重大的影响。我们都有自己的个人需求,这些需求与孩子无关。我们都需要被人认可、被共情、被倾听。如果这些能从我们当前的关系中(比如伴侣或朋友)获得,就会真真切切地帮到我们与孩子的互动。但这些需要的满足并非一定从孩子的另一方父母身上获得,也可以从同为父母的某个朋友身上得到。比如,与伴侣、朋友或亲戚之间建立一种支持性的关系,在这种关系中,有人照顾到你的需求,你强烈地感到有人考虑你的感受、有人确认和共情你的体验,这种关系可能会在对你当下的心态通常会产生积极的影响。你需要先照顾好自己,才能帮助别人。这就好比在飞机上遇到紧急情况,氧气面罩降下来了,建议你自己先戴上面罩,因为这样做你才更有能力帮你的孩子戴上面罩。虽然尚不清楚现实情况下会有多少父母这么做,但毋庸置疑,处理好你当下的人际关系,将更有能力帮到你的孩子。

反过来,在人际关系中,如果你常常受到批评,就会让你强烈感受到毫无价值、愤怒生气、无助失望。批评可能不是来自你的伴侣或你孩子的另一位家长，它可能来自你的朋友、同事或家族成员。你当前的人际关系所带来的情绪，以及这些情绪对你的影响，这些就是导图上的参照点。这些强烈的负面情绪可能很激烈，会让人难以清晰地思考自己和他人。但是一旦你发现自己还能够思考和注意到这些感受，就能够对你的想法和感受产生较大影响。

可能当前的人际关系并不是你构建导图最重要的参照点。对于你们中的很多人来说，可能宗教和文化信念才是影响你如何做父母的主导因素。关键在于，要对你自己有足够的了解，要觉察到当前围绕着你的哪些因素在塑造着你的父母身份。社会期望和文化规范对很多父母都有巨大的影响。例如，在西方文化中，以前母亲是孩子的唯一照看者，现在转变为父亲在日常育儿中（比如儿童护理和喂养方面）扮演着更加活跃的角色。这些社会期望与你想要如何育儿的观念可能相符，也可能相悖，因此，反思这些社会期望以及当前的其他影响因素很有必要。

### 参照点三在反思性养育中的运用

当你与某个人相处时，如果对方与你的感觉调谐一致，就有可能让你更好地觉察到自己的感受。在你们的关系中，如果对方给你时间和空间来反思自己，或者，你有时间和空间来自我反思，就会有助于增加你对自己所思所感的觉察。相反，如果你与某个人或某些人在一起时，他们对某件事情代入了自己的强烈情感，或者，只是简单地向你发号施令，那么，你那些本来就模糊不清的感受和想法，就更难觉察到了。同样，去觉察哪些因素影响你当下的生活，包括你可能信奉的任何宗教信仰,以及你所理解的当前社会对父母的期望;也去觉察你和孩子所处的社会文化环境,将有助于你判断这些影响是否足够强大,是否需要将其放进你自己的父母导图中去。对这个参照点多加关注,有助于增进你对自己养育方式的觉察。

# 详细步骤

前面已经阐述了你需要留意和关注的参照点,以及你情绪生活的特点,但是,如何将其综合运用呢? 你会发现,为了对自己有更多理解,在反思自己的过程中,会放慢心中的某些场景,去思考你的情绪和想法。

首先,试着找出那些激发你、让你体验到某些强烈情绪的触发点。触发点会以多种形式出现,可能包括以下几种:

1. 某种特殊的情境或互动
2. 孩子有时候说话的语气腔调
3. 来自某个人的评论
4. 你的某个想法
5. 某个牢固的信念体系

在你与孩子的日常相处中,这些触发点常常会引起强烈的情绪反应。父母在思考什么会触发自己的情绪时,通常都会联想到许多其他类似的经历,发现重复的模式。识别触发点的有效办法是:回想一下,哪些情形下你会因情绪激烈而过度反应;分析一下,发生了什么令你产生那些情绪。比如,回到前面乔恩的例子:乔恩注意到,当他很长时间没有能和朋友出去,能离开家人时,他就会变得对孩子们很不耐烦,也不太愿意满足他们的需求。他会觉得心烦沮丧,总是觉得孩子们在故意为难他、惹他生气。

这种情况下,乔恩的触发点是聚会的计划被朋友们取消了,这导致他没机会离开家人。乔恩如果注意到这一点,就会有所帮助,这样他就可以走出循环,获得新的理解,赋予这种情境不同的意义。他也就能够开启一段新的内心对话:"当我感到与朋友们疏离时,在家里就很容易感到沮丧,所以,一旦孩子们向我提要求,我通常就会觉得他们在无理取闹。"如果下次类似的情况发生,乔恩就可以看到,并不是孩子们的行为惹人烦,而是自己的感受强烈影响了他如何回应孩子的行为。在今后与孩子们的互动中,乔恩就能把这点放在心里面,还会将孩子们的行为理解为:"爸爸,我们需要你的关注。"如果朋友们爽约,乔恩可能还是会感到失望,也很难马上改变他的反应,但是,一旦他识别出这些触发点,假以时日,他就能比较容易地预测自己在某些情况下、某些时候会有怎样的感受。在这些情绪化的某个时刻,他可能就会想到:"噢,不,我又来了,又把自己的失望发泄到孩子们身上了。"这就足以让乔恩在其情绪影响孩子之前,就转换进入一种较为有益的心理状态。这一触发点,便可以成为乔恩的父母导图的一部分,成为他的关注点,以后当他与孩子们相处时,这些内容就会在他心里起到极为重要的作用。

> *每当你识别出一种强烈的感受,问问自己:"这一感受与什么有关?"*

当你身处某个情境当中,如果能够反思自己的感受,你就更有能力未雨绸缪。所以,想想"哪些情况可能会带来这些不好的感觉呢?"问自己这类问题对你会有好处。反思那些你觉得自己不太能应对的情况,可以给你更多启发。我们来看一位妈妈的叙述,想一想它对你有何帮助。

丽莎说,上周她真的特别生气,因为6岁的儿子查理就是不穿鞋,她冲儿子厉声吼了一通。她觉得这不太符合自己的性格,她对此感到非常内疚和难过,所以决定想一想是什么触发了自己如此动怒的行为。她既考虑了那件事发生时的情形,也考虑了事发前自己的感受和想法,而且,她还思考了查理拒不合作的可能原因。

丽莎记得,当时她正准备送查理上学,快要迟到了,这种情形并不常见,她慌慌张张,手忙脚乱。她想要按时出门,但查理却好像无所谓,他还慢慢吞吞,丽莎觉得查理就是在故意拖延时间想激怒她。

在考虑你的触发点时,很重要的是,要想一想你自己的反应,以及这些反应背后有何含义。比如,对于且慢的的情形,你有什么样的信念?为什么这些情形对你而言如此重要? 在这个例子中,触发丽莎的是她强大的信念体系,即,她总是想在任何事情上都做到准时,所以,她是真的不想让孩子上学迟到。这样她就可以识别出:只要迟到都会令她焦虑。对于丽莎来说,与迟到有关的感受就是一个参照点,是她导图里的重要部分。记得这一点会有助于她提前制订计划,减少类似情况的发生。她最容易想到的就是——提前做好准备。比方说,在出发前25分钟就关掉电视,并更加高效地规划早上的时间安排。她也在考虑如何向查理解释这个情况,并帮助儿子想一想如何提前准备好,同时给他一些激励,比如表扬他按时做好准备,允许他在学校外玩5分钟再进去。

有些情绪相当直接明了,不过,在我们与他人的关系中,也有些很复杂的情绪;在某个特定时刻,我们与某个人(或某些人)的关系中所产生的感受会被很多因素所左右。在下面的场景中,过去和现在的经历都在影响着感受,而且还牵涉多个人,可见人的情感是多么复杂啊!

周日,卡伦正在为家人准备午餐。卡伦的母亲周末也来到她家。卡伦做饭时,孩子们在房间跑来跑去,一会儿要零食,一会儿又问卡伦能不能玩平板电脑。同时,卡伦的母亲还在旁边不停地问她什么时候吃午饭,问她做的是不是牛肉,还说她不爱吃牛肉。

一会儿,儿子山姆来到厨房,说他饿了,想吃块饼干。卡伦突然冲他吼起来,所有人都愣住了,被卡伦暴躁的语气吓了一跳。她母亲说:"冷静点,卡伦,不就是块饼干嘛!"

是什么激发了这些感受呢?我们的第一反应可能是:很明显,卡伦当时太忙了,要同时满足那么多人的需求,而且她母亲还在指责她。不过,很可能是因为,卡伦过去的经历和当前的情境结合在一起,在当下相互作用,而卡伦没有立刻察觉到。卡伦情绪激动的实际触发点,是她母亲的评论,她说她不喜欢卡伦做的牛肉。如果卡伦反思一下与母亲的关系带给自己的感受,可能就会发现:过去,她觉得自己不得不照顾母亲,而她并不愿意这样做,而且,过去在与母亲的关系里,母亲的批评常常令她觉得自己满足不了母亲的需求,甚至令母亲失望。此外,卡伦还觉察到自己有种感觉,那就是,她从未允许自己不去考虑母亲的感受,所以,这些感受在某种程度上影响了她的想法和情绪。加上她当时觉得,自己是唯一有责任满足他人需求的人,儿子要饼干就成了令她崩溃的最后一根稻草。卡伦可以采取什么样的步骤来帮助自己,从而以不同的方式来处理这样的情境呢?她如何迈出第一步,对自己的心理更有觉察呢?

首先,卡伦需要退后一步,意识到这样的互动对于了解她自己、构建她的父母导图来说很重要。这将有助于她发现自己的行为模式、看到自己的心理状态。举例来说,是不是"每当母亲批评她时,她就会对别人发火?"注意到自己有这个倾向,有助于卡伦更多地想一想儿子在这个特定时刻的状况,或者就只是温和平静地回应他。卡伦可能也会觉得,如果他人批评、拒绝或否定她的请求或要求的话,很容易刺激她,让她产生强烈的情绪,而她需要控制这些情绪,觉察到在这种情况下,孩子们一个小小的要求,有时候都很容易让她反应过度。意识到这一点后,卡伦就可以将她对母亲的感受和想法与她对孩子的想法和感受区分开来。如此一来,当山姆想要饼干时,她的回答可能依然是"不行,你不能在饭前再吃饼干了",但却表达得更谨慎克制,这将确保情况不会升级。

下面是瑞秋和孩子们相处的另一个场景:

瑞秋一直觉得自己与朋友们疏远了。每天都是孩子的事、对财务开支的担忧、与马特分居的困扰，她总是想有空间做点别的，所以早就盼着朋友斯特拉过来看她了。她觉得这是个好机会，可以让孩子们自己玩耍，他们通常也很会找乐子，在一起玩得也开心融洽。这样，她就能够多些时间与朋友聊聊天，对此她感到很开心。斯特拉是瑞秋的新朋友，她对瑞秋说，她多么希望也能像瑞秋一样和孩子们轻松相处。瑞秋说，为一些鸡毛蒜皮的小事着急上火，真不值得。

　　这时，瑞秋7岁的女儿莉莉走进房间，打开了录音机。瑞秋对此真的很恼火，因为她正在和斯特拉聊天。莉莉摆弄了一会儿录音机，此时瑞秋发现自己听不清斯特拉在说什么，她突然对女儿失去了耐性，冲莉莉说，自己已经忍无可忍了。她抢过录音机，扔到了烤箱上面，让莉莉够不着。瑞秋离开房间刚一分钟，莉莉就快如闪电般地爬上橱柜去拿录音机，把装满通心粉和酸辣酱的玻璃罐子打翻了，弄得满地狼藉，那台崭新、昂贵的食品料理机也未能幸免（包括机器的玻璃容器）。所有东西都摔了个粉碎，小宝宝杰克和斯特拉的宝宝小乔就坐在一滩玻璃碴中。看到这些，瑞秋愣住了，然后冲莉莉咆哮，而莉莉却满不在乎，丝毫没有悔改之意。瑞秋和斯特拉花了近一个小时才清扫完玻璃碎片，弄干净地板。最后，她终于冷静下来，向莉莉解释自己为什么那么生气。她说，她生气是因为这些东西对她来说很特别，就好比莉莉所有最喜欢的玩具一样。莉莉感到非常惭愧，她给妈妈写了一个纸条道歉。事后瑞秋反思，自己的反应之所以如此强烈，是由于她迫切需要和期待已久的朋友在一起,而这个时间却被剥夺了,她发现,对于意外发生的事情,自己的反应比平时强烈多了。

对瑞秋来说,她的触发点是她对当时处境的强烈感受——包括她困在家里独自照顾3个孩子的压力、与马特分开的艰难以及对经济的担忧。她感到十分需要和朋友谈谈,而她对玻璃罐意外事件的反应导致了情绪爆发,而这个意外事件的起因可能是孩子们感到没有得到想要的关注。这一爆发需要时间来修复,瑞秋和孩子们都感到难过。在瑞秋构建自己的父母导图时,她便可以试着识别:这些当前的压力源让她对孩子比平时更没耐心,对他们的要求反应过度。她也许可以问下其他朋友,看是否能够帮忙照看双胞胎一个小时,或者在孩子上学的时候,带着小杰克去见朋友,这样她就有时间跟朋友聊天,不被打扰,还可以自如地照顾到自己的需求。

马特正在反思那个格外艰难的周末,他当时正在照顾格蕾丝和莉莉,现在孩子们已经回到妈妈瑞秋那里了。马特一直对莉莉不耐烦,不断地拒绝她,觉得女儿太黏人了,这事那事说完没完了。瑞秋后来给马特打来电话表达她的不安和愤怒,说女儿发烧了,看起来是生病了。

得知莉莉实际上是生病后,马特哭了,他为自己没有发现这一点而感到强烈的羞愧和内疚,他也对女儿需要他的安慰和照顾有了更多的理解。他想起自己小时候与父母一起时的记忆,特别是10岁那年放学回到家里的情景。那天他哭着告诉父亲,他在学校被人欺负了,而父亲的反应却是生气地训斥他,说他"别像个小孩儿似的"。这是马特第一次从不同的角度看待那段记忆,他意识到,自己需要父亲的安慰与爱,就像莉莉应该得到安抚一样,他也应该得到安抚,但他自己的父亲却难以给予他这些。他开始明白,这一养育角色对他来说很困难,因为他被养育长大的经历影响了他。但是,他下定决心要把这一点牢记在心,努力让自己的孩子体验到与他儿时不同的、来自父亲关爱的感觉。

## 构建和运用父母导图时会遇到什么困难?

如果你读到了这里,也已开始思考哪些参照点可以放进你的父母导图里面,那么,你就已经开始在自己的育儿过程中变得更有反思能力了。花些时间思考影响你养育孩子方式的各个方面,这是极其有用的一步,有助于你与孩子建立更好的联结。不过,构建父母导图,然后将其运用到与孩子的关系中,可能需要你花些时间,付出些努力,还可能会遇到不少困难。

### 劳累

一天当中,我们每个人都有头脑最敏锐的时候,有些人可能是在早上 6:30,有些人可能是晚上 10:30。不过对所有人来说,疲劳都会影响我们的自我觉察水平。半夜起来照顾新生儿,两次、三次,甚至更多次,这不仅令身体精疲力竭,心理上也是如此。妈妈们常说的"生个孩子傻三年",非常贴切地形容了大脑有时无法思考的现象。意识到自己的疲劳程度,对你觉察自己心理状态的能力水平有很大影响,因为自我觉察是反思能力的必备素质,能让你在这些艰难时刻清楚自己的极限,共情到自己。当你睡眠不足时,你的自我觉察不可能敏锐,也不可能有反思能力。等到你休息好了,清晰地思考自己的感受才容易一些。

如果你是新手父母,已经好几个月睡眠不足了,那么,试着在一天当中抽出一点时间,让自己有空反思一下自己的感受。在此之前,如果可以的话,在宝宝睡觉时你也抽空打个盹儿,这样你休息好了,才能够反思。如果你有个大一些的孩子,但他的睡眠还是不规律,那么在这种情况下也同样需要抽空休息以便恢复反思能力,而其他父母与其孩子都已经过了这个阶段,他们很难对你感同身受,要从他们那里得到共情就比较难了。因此,反思疲劳对你与孩子的关系及其他亲密关系的影响,依然很重要。有的时候,你可能需要明确告诉孩子,你的情绪或者语气不好,是因为你累了,并不是你不爱他们了。

### 喝酒

喝酒会降低你的自我觉察水平,即便是微量饮酒,也会削弱你觉察心理状态的能力。如果你喝酒,将会极大地影响你的自我觉察水平和思考自己感受的能力。明白这一点,对思考如何以及何时最能觉知自己的心理,非常重要。人们在喝酒的时候往往同时也感到疲倦,两种危害叠加,就会让人完全丧失反思自我的能力。

### 身体健康

你可能会觉得心理状态和身体状况完全不相关。不过,不妨想一想重感冒时你的情绪如何吧。当你的身体被疼痛折磨时,你也很难有积极、快乐的想法吧。其实,身体难受的时候,不仅感觉不舒服,脑子也很难去想别的,尤其是很难去想别人以及别人的需求。而有些人饱受极端疼痛和慢性疾病的折磨,要他们去思考自己的情绪状态简直太难了。所以,要记得觉察自己的身体。要知道,它是你内心故事的一个重要组成部分。在你与孩子的关系中,它强烈地影响着你所带入的活力感与能量水平。

### 心理健康

显然,严重的心理健康障碍,如精神病或精神分裂症,会对一个人的精神状态有着重大影响,让人变得混乱,分不清自身和周围世界。不过,即使是其他心理健康问题,如焦虑、抑郁等,也会影响你的心态,让你戴着有色眼镜来看待世界和他人。如果你感到焦虑或者抑郁,就要认识到,这些感受将会影响你的想法,这一认识将有助于你确认自己的感受,并让你以正常的、可理解的方式反思当前的心理状态。即使不是持续的抑郁而只是平常的情绪低落,也会影响你反思自己感受和心理状态的能力。当然,当你活力满满的时候,你会更容易清晰、开放地反思你的心理状态。如果感觉你的问题较为严重,那么请尽可能寻求专业人员的帮助。回到氧气面罩的比喻(参照点三中),只有在你自己感到足够稳健有活力时,才能真正关注孩子的内心发生了什么。所以,如果你有任何心理健康问题,及时治疗,这对你和孩子都有好处。

### 生活事件

一些重大的生活事件,如丧亲、孩子出世、夫妻离异或分居、搬家、失业、财务问题、生活贫困,以及住房问题,所有这些都会极大地降低我们的情感幸福感,影响我们的心理状态。在你经历这些生活事件时,养育孩子无疑会遇到更多挑战。重要的是,要承认这一点,要接受自已正承受着额外的压力。一些重大的生活变故会导致抑郁情绪,这些情绪可能会持续下去,因此需要承认它。重要的是,要反思它们已经给你带来了什么影响,或者,反思它们还在持续产生什么影响;接受它们已经改变了你感受和思考的方式,这一点也很重要。而同样重要的是,要在你与孩子的关系中反思这些问题。比如,如果你的父母离世,你无疑会在孩子面前表现出悲伤和失落的情绪。这完全正常,如果孩子们知道你因为失去父母而感到悲伤,将有助于他们理解亲子关系对你的重要性,也会大大减少他们的困惑感。而且,事实上还有助于促进他们的情绪发展,会让他们明白:你可以表达这些情感,接受这些情绪,而不是表现出似乎与失去亲人不相符的情绪。

## *反思性养育总结*

### 父母导图

**父母导图是什么……**

父母导图是一种反思的方法,它教你反思自已以及如何养育孩子。它鼓励你总结思考并总结出影响你养育方式的因素,比如当前的感受、过去的经历以及其他影响(如信念和人际关系)。

### *它有助于你……*

父母导图有助于增进你对自己以及你如何与孩子相处的觉察,也有助于你更清楚地意识到自己与孩子的情绪属于两个不同的人,是有分别的。它还有助于你甄别何时你更有可能在某些情境下产生无益的、强烈的情绪。

### *它有助于你的孩子……*

父母导图对你的孩子也会有所帮助,因为你越能自我反思和自我觉察,你与孩子的关系就越稳定。而且,在与你相处时,你的孩子也更会调节自己的情绪,更懂得体谅你的感受。

### *它有助于亲子关系……*

父母导图将过去和现在关联在一起,以免过去糟糕的经历强烈地影响现在你与孩子的互动。你们的关系也会因其更加稳定,更少冲动反应,变得更为亲密融洽。

### *请牢记……*

1. 思考自我觉察的必要性。

2. 思考哪些因素影响着你对孩子的养育,比如你的想法、感受及过去经历的影响。

3. 用强烈的感受来引发你的自我反思,并将这与如何影响你的养育方式之间建立联系。

4. 想一想,什么情况下你现在和过去的经历之间有关联,将其识别出来。

5. 想一想,你现在的感受和思考方式是如何形成的。

a. 你的情绪反应水平与情境相符吗?

b. 你认为是什么使得你以这种方式来反应?

c. 在这种情况下,你的朋友可能会对你有何感受,他们眼里的你是什么样的?

d. 你可以将当前情形下的反应与以前的情境关联起来吗?

6. 运用你对"触发点"的觉察,为你未来的互动导航;想象、预测和反思一下,类似的感觉和想法可能会在哪里出现、如何出现。

# 3 管理你的情绪

瑞秋坐在沙发上，正给朋友发短信，她沉浸在自己的世界里。隐约间听见7岁的双胞胎女儿在吵闹，于是漫不经心，随口呵斥了姐姐格蕾丝一句："别惹你妹妹了！"格蕾丝瞬间大哭起来。她觉得自己不仅挨了骂，还被冤枉，其实是妹妹拿玩具打了她的头，只是瑞秋没有看到。

格蕾丝下楼之后还在抱怨她的妹妹，瑞秋看了愈发恼火，最后她突然站起来，从格蕾丝手里一把抢过玩具，说："我现在就把它扔掉。要是你们不能一起好好玩，那就都别玩了！"

现在，希望你更能觉察到父母导图上的参照点，以及在养育孩子过程中产生的情绪。尤其重要的是，注意到是什么触发了你的某些情绪，导致了你的某种行为。接下来，本书将引导你更多思考，在与孩子互动和回应孩子时，对你自己的内心感受更有觉察是怎样帮助你管理情绪的。上述例子中，瑞秋可以想一想，自己为何发火，又为何没能考虑到孩子们之间真正发生的事情。她还需要思考,在这些让人疲惫不堪的互动时刻,如果想改变,她该如何管理自己的不良情绪。

# 情绪温度计

有句话叫"打铁要趁热",意思是:在机会来的时候,要抓住它,果断行动。然而,要处理我们的情绪,这未必是最佳做法。尤其在我们面对孩子时,打铁则要"趁温"而不是趁热,等情绪稍微平静之后,再去处理效果会更佳。而管理情绪的方法之一,就是用情绪这个温度计来衡量何时适合采取行动,何时应该按兵不动。不过当情绪温度接近沸点时,大多数人可能都会急于跳起来行动。所以,我们来想一想,究竟如何更加有效地使用这个温度计,才能避免你与孩子的互动一步步失控。

假设你有一个温度计,中间有一条红色或银色的线,随着温度变化上下浮动。不过,它并非用来测量温度,而是测试你的情绪唤起状态,即,你所体验到的情绪的强烈程度。在此温度计上,有一个"理想"区间,你与孩子互动时,若情绪位于这个区间内,你就可以从中获得有用的信息、建设性地运用自己的情绪,与孩子的需要调谐,并精确回应他们的需要。如果温度太低、太冷,就表明情感的强度很低,或没有情感,那么,这就会让你难以识别自己的感受,难以触及自己的内心,也难以觉察自己的体验。如果你对自己的情绪无法觉察,就很难与孩子进行有意义的交流。如果温度过高,表明情绪唤起水平很高,这说明,你可能很容易被自己的感受淹没,冲昏头脑,也更有可能冲动行事。这一点,我们从瑞秋的例子中便可以看出来。

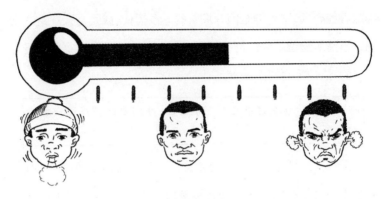

处于"温暖"的情绪区间是理想状态,因为此时你可能更清楚自己内心是怎么回事,也更容易接纳孩子。但如何才能让情绪保持在"温暖"区间呢?本章将探讨如何帮助你调整情绪温度,更好地理解你自己和孩子,让亲子互动更加流畅。我们将帮助你让自己的情绪温度处于"温暖"区间,你便更有能力进行反思。在与孩子互动时,你可以尝试以下策略:

## 1. 识别并标记情感——你正处在温度计的哪个位置?

先从简单明了的问题入手:你现在的感受是什么?很多时候,我们大多数人对自己当下的情绪都欠缺觉察。事实上,如果一切顺利,那么,即使不是很清楚自己的所思所感,也无关大碍。然而,如果你想让自己的养育风格有所改变,就要学会后退一步,开始有意识地思考自己的感受,这样才能将觉察带入新的反思性养育之中。当然,也无须一直如此,否则便会有些奇怪、不自然。但它确实是起作用的第一步,可以帮助你将自己心里面的想法与孩子的想法区分开来。在本章开头的例子中,瑞秋或许可以觉察到自己本就有些心烦,这可能是因为朋友的一条短信,或是当天在这之前别的事情所遗留下来的情绪。所以,识别感受,并承认这些感受是自己的,这是重要的第一步。

> 想象你站在自身之外观察自己,并问自己:"我现在的感受是什么?"

虽然我们可能无法每时每刻都清楚自己的感受,但有的时候,某些事情会让我们将注意力转移到自己身上,然后忽然开始思考起自己的想法和感受来。我们来看看下面这个例子:

一天,卡伦开车去上班,听着音乐,放空思绪。突然,一只狗没有拴绳,窜上马路,正好跑到她的车前。卡伦没来得及看后视镜,立即刹车,然后发现公交车站排队的人都望向了自己,可能是被轮胎擦过地面的声音和那条狗(她已经成功地避开了)吓到了。卡伦非常生气,心怦怦直跳,不仅因为那条狗乱跑乱窜,而主人不见踪影,还因为自己险些吓成车祸,撞到路人,伤到自己。虽然这种情绪并未持续多久,但却非常强烈,她完全无法忽视。在(卡伦刹车的)那一瞬间,她肯定无法思考(至少无法反思)自己行为的后果,或者周围可能会发生什么。因此可以说,在那一刻,由于情绪高度紧张,卡伦是不可能考虑到别人的。

思考你大脑到底在想什么是很重要的

　　因此,有时候我们若被迫陷入某种强烈的情绪(如卡伦那样),就会削弱我们的能力,让我们无法思考孩子的内心发生了什么。以前面卡伦的情况为例,试想,如果卡伦和她的3个孩子都在车上,山姆在跟她说起家庭作业太多了,他简直受够了;而玛蒂在抱怨莫莉在车上闹腾,但却没人管管她,此时卡伦很难把心思转到孩子们的感受和想法上来,这完全可以理解。在这种情况下使用情绪温度计能让卡伦更多地意识到,自己的情绪处在"沸腾"区间,会影响自己思考他人心理的能力,而这一觉察会在她难以注意到孩子们的想法和感受时,帮她尽量避免与孩子们发生冲突。

　　我们一旦开始想着要注意自己的想法和情绪,就能发展自己的能力,成为反思性父母。我们就会注意到,在某些时刻,我们或多或少难以辨识自己的想法和情绪,这种时刻会随着每天的情形不同而不同。由前面例子可见,有时你会不由自主地注意到自己的感受,因为某些事情刺激到你,激发了这种觉察,让你不得不承认这些感受。但其余时间，我们并未处于强烈的情绪状态下，我们对自己感受的觉察就会有所不同。

也就是说，你可能并不清楚某种强烈的感受从何而来，也不知道在某种情况下，它会如何影响你。你越是能够命名你此刻的感受，就越能将它带入自己的意识，并在必要时对它加以调节。有时只是觉察到感受，就能降低其强度。下面的例子是丽莎下班后去托儿所接女儿的情形：

丽莎一下班就冲进车里，她越来越担心在出城主干道上能否避开交通高峰期，及时接到女儿艾拉。当她从停车位急转驶出时，险些撞到一位同事。后面的车按了一声喇叭，丽莎猛然意识到发生了什么。她开始反思："我现在压力很大，不冷静。"于是，她换了一种方式，对自己说："无论如何，我都没办法更快赶到托儿所。我不想发生事故。"

丽莎更清晰地觉察到自己当下的感受，这意味着她更能理性地对待自己的感受，然后降低自己的情绪温度。一旦她意识到自己的感受，就更清楚自己需要做什么——冷静下来，意识到自己无法左右交通状况。意识到自己的感受的另一个好处是，丽莎能够把自己的感受与周围的人和事区分开来。但可能在其他时候，丽莎又真的很难做到这一点，因为，如同你我一样，反思自己当下的情绪并不总是件容易的事。因此，意识到自己的情感，能帮助你区分自己和他人的心理，也是帮助你多加反思、能够心智化他人心理状态的重要一步。

觉察自己的情绪，有助于我们注意到周围发生了什么，所以接纳和拥抱自己的感受，是件好事情。而且，只是觉察到自己的感受，就能够帮助我们调节情绪。反之，对情绪欠缺觉察，却会产生相反的效果。在前面的例子中，丽莎说，在她没有觉察到自己的感受时，她的举动就像受强烈情绪驱动的机器。极其强烈的感受会让我们采取行动、进行互动，但却是处在自动驾驶的状态，往往毫无益处。对丽莎来说，汽车的喇叭声，帮她关掉了自动驾驶状态，让她思考自己的感受，并将这些感受带回到她的意识当中。你可以回想一下上次与人争吵的情景，你就可以回忆起，强烈的情绪之下你说了些话或做了事，让你事后后悔莫及。事后在你能思考的时候，回想当时恼怒的原因，也许会觉得自己的情绪和反应太过激了。

养育孩子的过程中，父母会产生某些感受，要承认这些感受或许很难——你可能会为此而内疚，认为自己不该有这些负面情绪。不过，父母在养育孩子时，感到厌倦、愤怒、无望和抑郁，都十分正常，觉得生养孩子这件事彻底改变了自己的生活，有这种想法也不奇怪。重要的是，无论觉察到自己的想法和感受看起来有多难，都尽量不要否认那些想法和感受，也不要因此而感到内疚，这样会加重你的负面情绪。另外，同样重要的是，要承认对某些人来说，适应父母这一身份可能需要很长的时间。

马特和瑞秋住在一起时，格蕾丝和莉莉这对双胞胎姐妹还小，经常哭闹。马特以前总会从孩子的哭闹中抽离出来，想象自己在另一个地方。他会去想以前的旅行经历,感叹那些时光都已远去。他说,自己花了好几年时间,才真正开始明白孩子为什么哭,哭了该怎么办,如何让她们感觉好点儿。在双胞胎女儿哭闹不停时,想起自己以前渴望逃离的感觉,这让他能够反思为人父母的不易,也能够思考自己需要管理这种感觉,需要努力安抚女儿让她平静下来。

对于其他人来说,这种回应来得更自然、更迅速。但每个人学习这些东西的速度不同,而第一步就是要承认这些感受,并思考它们的含义。

## 2. 观察、倾听和后退一步

在与孩子互动时,还有一种方法可以管理情绪:从情绪中后退一步,把情绪带入你的觉知。识别并标记自己的感受,使它变得"可见",成为可以看到、可以感受到,并且可以思考的对象。一旦你学会用这种方式为感受命名,你就可以尝试以下方法。

一旦某种感受进入你的意识,那么等一等再行动。与你的感受稍微拉开一点点距离,有的时候你就可以防止自己立刻做出反应。一旦从当时的场景中后退一步,观察并倾听,也许只需10秒,你就能看见究竟发生了什么、注意到了什么。

汤姆下班刚进家门,孩子们的各种要求立马铺天盖地袭来。他在车上就已经意识到,自己因为工作而倍感压力,会议和谈话让人伤神,已经让他很烦了。他已经识别出了自己的感受,这意味着，在回应孩子之前，他要克制一下自己。汤姆停下来，闭上眼睛5秒钟，有意识地告诉自己：这一天很艰难，他觉得压力很大。睁开眼后，他停顿片刻，注视着展现在眼前的一幕——如同一个远离现场的旁观者一样。这可以帮助汤姆不带评判地命名周围发生的事情。他看到的是，自己已经回家了，下班了。他还看到玛蒂、山姆和莫莉急切地想和自己交流，他们一整天都没见到他啦。他也认识到，事实上，他已经下班了，这意味着他已经摆脱了主要的压力。自己的压力来源于之前发生的事情，和此时此刻的一切无关。他还看到孩子们在见到他回家后兴奋不已。想到这些，汤姆立刻高兴了起来，脱下外套，挨个儿拥抱孩子们，开始融入他们的世界，把白天的一切抛诸脑后。

在这个例子中，汤姆能够意识到自己的感受，这样他就知道，这些情绪其实和回家之前的工作上的事情有关，他也更清楚地看到，孩子们见到他时有多开心。但如果那天他一直想着工作上的事情，可能就会错失这些。

倾听自己的情绪，你能从中学到什么？下次当你遇到负面情绪时，试着让它更加全然地进入你的意识，暂停，并观察。你看到了什么？观察和后退一步，等待自己的情绪温度计处在温暖区间，你和孩子之间的互动可能会变得更加正面积极。

值得注意的一点是，如果你的情绪温度过高，上述方法实施起来可能非常困难。如果你在情绪最"热"的那一刻体验到十分猛烈的情感，那么，观察、等待和思考几乎都不可能发生。回想一下上次你与亲近的人发生争执,当时你肯定不可能思考自己的感受——因为你已经深陷其中无法自拔了。争吵时,我们通常都无法很好地心智化——思考他人的想法和情绪。所以,等自己的情绪温度降下来之后,便是一个好时机,那时再回过头去思考对方的心理是怎么回事。

这种情况下,如果你不能清楚地思考自己的想法和感受,建议你先离开这个场景。等你的情感观察能力恢复了,情绪温度也降下来了,你就能反思究竟发生什么了。想象一下:你正在开车,后排坐着你的孩子。一个骑着自行车的人,之前处于你的视线盲区,突然冲你大吼,说你差点撞到他了。那一刻,你是不太可能有这个能力来观察自己的情感并从中后退一步的。你可能只会感到震惊,甚至愤怒。然而,等之后情绪温度冷却下来,你也许就能够做到这些了。

你甚至可以和孩子分享情绪温度计的意象,告诉他们,在那一刻,你自己情绪过热、无法清楚思考了。由于年幼的孩子可能会被情绪淹没,以至于无法理性地思考或者理性地说话,因此你也可以问问他们在情绪温度计上的位置。问他们的情绪温度是过热的、温暖的,还是冰冷的,这可能比问"感觉如何""为何这样"对他们来说更容易回答一些。例如,回想一下你的孩子上次发脾气的时候,或者大一点的孩子还年幼的时候,他们会明确表达自己的情绪吗?还是会在地板上打滚、跺脚、气得满脸通红或大声尖叫?让你的孩子知道,我们都有情绪温度过热的时候,那时我们都无法向对方说清楚自己的内心状态,这样做会非常有用。孩子发脾气时,让他们先冷静下来，可以过后再做解释，这通常是解决孩子发脾气的好办法，比在他们情绪激动时刨根问底要好得多。

感受是暂时的，很快就会过去。若某种感受特别强烈，可能就很难这样去想。但是，不管有多强烈、有多难受，这些感觉终将过去，明白这一点非常重要。这种观察、倾听和后退一步的方法，可以帮你应对不那么猛烈的负面情绪。这种方法鼓励你在觉察到某种感受时就接纳它，忍受它一小会儿。就这样，没别的。无论情感有多么强烈，它们很快都会过去，所有感受都只短暂地存在。我们发现，父母和小孩一样，在经历强烈的，特别是负面的情绪后，都会变得十分焦虑，因为他们往往会有这样的想法："我总是会有这样的感觉。"因此，知道所有感受都是暂时性的，真的很有帮助。

## 3. 我给人的印象如何？——从局外人的角度看自己

在养育孩子的过程中，还有一种方法——"从局外人的角度看自己"也有助于你管理情绪。在你和孩子情绪激烈之时，或者事后你思考发生了什么之时，它都有用。

除非有强烈的自我意识，否则，我们往往觉察不到自己给别人留下了怎样的印象。然而，我们可以学习去觉察自己的肢体语言和语气，它们在交流中占了极大比重。当你陷入负面情绪时，注意自己给他人留下的印象尤其重要。孩子们非常容易接收到交流中的微妙线索，他们对所有的情绪都很敏感。所以，在你还没有意识到的情况下，你的负面情绪就会迅速地、自动地传递给了孩子，而且会对他产生影响。这里的重点，不是说你的负面情绪一定会对孩子造成伤害或带给他创伤,而是说,这些负面情绪会影响到他的情绪状态,会导致他有更多不良的行为。而他的不良行为又转而影响你的感受,造成情绪升级的恶性循环。

查理5点就起床了,妈妈丽莎一大早下楼来,查理也跟着下来。查理坐在沙发上,开开心心的,丽莎却很烦,这么早被吵醒,很沮丧,她皱着眉头,满脸不高兴。查理看见后马上心情低落,也不高兴了。"妈妈,是我让你生气了吗?"丽莎的脸色对查理产生了影响,他感到了一种强烈的情绪,可能觉得自己被责备了,或者感到羞愧。这些情绪对孩子来说,都难以处理。其实,父母只要简单改变一下自己的表情,就可以轻松避免这类状况发生。

在上述例子中,我们并不是在批评丽莎,或评判她的对错。事实上,在大多数家庭中,这种情况每天都可能会发生。我们主要强调的是丽莎要"意识到自己在孩子眼中的形象"这一点的重要性。如果丽莎当时能想象一下自己在查理眼中的样子——通过他的眼睛看到自己——她也许就会调整一下自己的表情,进而就会改善与儿子的互动交流。这些小细节会对亲子关系产生很大的影响。丽莎或许就能够成功地构建某种互动,其中,她可以告诉查理自己为何感到沮丧,这很重要。或者,她有可能只是简单地瞄了一眼查理的表情,认识到事态并没有那么严重,不至于让他感觉糟糕。这里的要点是,由于丽莎没有注意到自己的情绪是如何传递给孩子的,那么,她就会让本就困难的互动变得更棘手,令双方都更心烦。

想象一下,把自己的生活拍成一部电影,比如,拍摄自己和孩子玩耍,或者围着餐桌吃饭时的场景。在那些气氛和谐的时刻,在与孩子相处融洽的时刻,按下暂停键,然后观察,你就能看到,自己做了什么促成了这种好的情况。我们在临床工作中对父母们运用一种叫作"视频互动指导"的技术(见前言),可以实实在在地实现这一点。我们拍摄了父母和孩子的日常互动,为他们回放视频片段,突出那些积极的、有助于孩子成长的互动时刻,向父母们呈现他们与孩子之间成功的互动,以及他们与孩子联结的状态。当然,在日常生活中,这对我们来说都是一种奢求。我们的生活,往往更像是在按快进键而非按暂停键,尤其是在忙乱(比如早上忙着让孩子们收拾妥当)的时候。不过,一旦开始注意自己的感受,你就能够反思自己的表现——试着想象你正在视频中,同时从局外人的角度思考自己的行为。这一步极其重要,能让你注意到你对孩子的影响,且最终发生改变。视频互动指导真的是一种非常好的手段,可以向父母展示,当他们改变自己的肢体语言时,孩子会发生什么变化。例如,父母们可以真实地看到,饶有兴致的表情、持续的眼神接触、友好的声音和姿态,是如何鼓励孩子与父母互动的。有的父母觉得自己与孩子关系不佳,这种视频工作的方式对他们尤为有用,因为一旦父母在互动中觉察到自己的感受,并保持积极的态度,就会对孩子及亲子互动方式产生不可思议的影响,视频播放正好突显了这一点。现实生活中,作为父母,我们在与孩子互动时,通常无法看到自己的状况,但我们可以利用"想象观众"的原理,来检核自己对孩子的回应,并且思考孩子对我们的感受如何。

我们的手机或电脑上都会有孩子、家人和朋友的视频片段,但通常,我们自己并没有出现在其中。我们负责摄影,观察别人。不过,何不想象一下,如果自己也在视频当中,和这些生命中重要的人在一起,你看起来会是什么样? 除了思考此类视频中的自己,你还可以审视更长时期内的自己,看看自己的决定和行为模式如何影响着你的人际关系。下面来看一个例子:

艾拉出生时,丽莎辞掉了全职工作,专门照顾她和查理。丽莎设定了一系列目标,希望自己成为好妈妈。她制定了一份清单,具体包括:确保他们每天吃一顿健康的饭菜、进行一项户外活动、在规定的时间内玩电子产品、拜访朋友、玩游戏等等。丽莎觉得,作为一个带着两个孩子的家庭主妇,完成这些项目就是自己的工作。随着她开始着手这项工作,她的清单也变得越来越长。

丽莎开始反思,自己每天都在没完没了地努力完成这份清单、在心里检查自己有没有实现所有的目标,那样的自己,看起来是什么样子的? 她发现,自己并没有那么享受和孩子们在一起的时光,孩子们似乎也常常不开心。去公园时,孩子们有时会大喊大叫,抱怨抗议。她可能也会自责,也可能只是感到时间不够用,日程安排得太满所致。她看到自己在孩子身边压力很大,一心想达成这一连串的目标,最终却得不到任何回报,孩子们似乎对她付出的巨大努力并不领情。从局外人的角度观察这个“理想的”母亲,丽莎看到了一个压力过大、略显焦虑的妈妈,忙忙碌碌地安排一切,与孩子们格格不入。当她以局外人的视角看向自己内心的时候,她发现,这一天的节奏也会让旁观者感到精疲力竭。

于是，丽莎决定，将关注点从自己那一连串的目标转向孩子们的需求和兴趣。跟随孩子们的引导，她第一次发现，一天的节奏慢了好多好多。以前，上午总是忙于烘焙、去公园、准备健康餐食、让朋友带同龄孩子来家里玩……这些事情，但现在完全变了。看着自己这部全新的"电影"时，她觉得仿佛有人按下了慢速播放键。跟随着孩子们的引领，每件事似乎都需要花更长的时间。不过，丽莎和查理、艾拉之间的互动，对其中的每个人来说，看起来都愉快多了。

## 4. 记住：你的孩子还只是个孩子

放学路上，格蕾丝一直抱怨妈妈瑞秋在接她回家时，老是停下来和别的妈妈们聊天，瑞秋越来越烦格蕾丝，于是开始生气，并呵斥道："别总像个小孩子！懂事点！"格蕾丝觉得很丢脸，妈妈在别人面前这样说她，令她难堪，那一刻，她完全无法调节这些感觉。

成为反思性父母意味着，你要能接受：对于孩子的某种行为，也许有不同的角度去理解。如果你总以固化的假设看待孩子的行为动机，可能会极大妨碍你采纳新的视角。上述例子中，瑞秋希望女儿格蕾丝像个大人一样，即使妈妈在回家的路上和朋友说话，也能保持兴致耐心听。但她也许忘了，一个7岁的孩子在学校学习一天后，已经很累了，她渴望有时间和妈妈在一起。如果被众人关注（尤其是负面的关注），很容易让孩子觉得难堪。教导女儿"懂事、成熟"，意味着瑞秋不允许女儿做出符合她年龄的行为，表达7岁孩子正常的情绪。这会让孩子产生极大的困惑，因为他们正在体验一系列真实而强烈的情绪，却被告知不应该有这些感受，应该换一种方式行事，应该体验到不一样的感受。事实上，这一系列要求放到成年人身上可能更加合理。

然而，我们往往意识不到自己在做隐含假设，因此也很难发现并挑战这些假设。此外，我们还发现，许多父母都会设想自己的孩子有某些能力，但实际上，从孩子发育阶段来说，还不可能拥有那些能力。你可以在心里对自己这样说"我的孩子还只是个孩子"，他在用孩子的眼光看待世界，他拥有孩子应该拥有的能力，他的眼光和能力都只能随着他逐渐长大而慢慢发展起来。记住这一点，对你真的有用，无论在你交流不顺，还是事后反思时，都能减少你的负面情绪。例如，如果你和许多父母一样，一心认为孩子不停哭闹，是为了得到自己想要的东西，在故意支配你，或者存心让你不好过，那你肯定会生气。然而，年幼的孩子真能像父母感觉的那样，有能力故意支配别人吗？孩子们真的能如此老练地揣测他人的心理吗？父母若假设孩子的行为是明知故犯，有意而为，那么就是把成年人的心思特征赋予给了孩子。父母常常觉得自己被捉弄了，或者觉得不高兴了，就认定孩子的种种行为是故意让自己生气。但请记住，强烈的情绪会左右我们对人的理解，所以，我们常常会认为："因为我感觉自己被支配了，所以就意味着我就是被支配了。"然而，重要的是，对孩子所具有的能力，应该抱有更现实的设想。孩子们在不断地学习理解他人，而且这种学习一直在持续进行。虽然孩子们对父母的情绪和行为都极为敏感，但要说能真正准确地理解父母，他们还有很长的路要走。所以，请记住：你的孩子还只是孩子——他们的情绪能力有限。记住这一点，可以帮助你不对他们做出激烈的反应。

## 5. 寻求支持

还有一种方法也能帮你管理情绪，那便是：深入地思考如何从他人那里获得帮助。反思性养育的一条基本原则是：我们会影响他人，也会被他人所影响，与人交往中，时常反思，能受益匪浅。因此，若你为孩子的养育问题而苦恼，那么，来自家人、朋友的支持和理解确实有益，可以实实在在地帮助你，让你成为更具反思性的父母。借鉴他人的经验，或者只是把事情说出来，感到自己被人理解，这些都能促进你的反思态度。

你可以早早开始寻求支持，甚至从孕期就开始。可以和其他人谈谈你的想法和经历，特别是和其他父母或准父母交谈，也会帮助你考虑肚子里的宝宝的成长。而他一旦来到这个世界上，看到周围的大人们都很享受支持性和相互理解的关系，就会明白与人交往的好处。

还有一种做法也十分可取：在心中建立一个成年人的关系网，这些人支持你，对你感兴趣，也对你如何看待事情感兴趣。此外，还可以加入某些育儿群，如待产孕妇群或本地家长互助群，也可以找个父母们可以随时见面交流的地方。如果这些对你来说有点困难，或者你感觉特别孤单，在线聊天群和论坛也不错，可以让你感受到与其他父母的联结。找到一个合适的地方，你可以袒露心声，谈论自己及作为父母的艰难，这实在是非常重要。我们建议，寻找合适的人际关系,在那里,你可以谈论自己的感受,而不仅仅是谈你的宝宝或孩子在干什么,这至关重要。

## 6. 原谅孩子的行为并自我接纳

作为父母,在某些时刻,我们会对孩子做出某种行为、产生某些感受,之后又很容易自我批评和自我怀疑。同时,在亲子互动出现问题时,我们也会苛责孩子,难以释怀。毫无疑问,至少在某些时候,养育孩子几乎对我们每个人来说,都十分困难。因此,记住下面这点很有用:我们都有感情用事的时候;有时候很难克制自己,很难不做让自己后悔的事,不说让自己后悔的话。作为父母你会这样,孩子也同样会这样。所以,这个策略就是,学会接受"我自己会有强烈的情绪,有时候会做出连自己都不爽的行为"。同样,也有能力接纳孩子的种种情况。孩子们也会有极难处理的情绪,而这些强烈的情感往往会表现在行动上,这就会影响他们的所作所为。

有些父母曾经经受过创伤或者苦难,就很容易被感觉和情绪淹没,这就使得他们更难去思考他人的心理。我们之前提到,了解自己的过往,包括你自己如何被养育长大的经历,将影响你思考他人的感受和心理状态的能力。这些早期经历也决定了你在亲密关系中的舒适程度。如果早年经历中与父母在一起没有安全感,你可能会发现,自己很难看明白孩子和他人行为的真实含义。我们都无法改变自己的早年经历,但有一点再怎么强调都不为过:过去未必就是宿命,也就是说,过去所形成的种种模式,不必在当下或未来重演。觉察我们的感受，无论这些感受看起来多么复杂、多么令人不安，意识到这些感受，就开始推动我们和孩子建立一段不同以往的、可能会是安全的关系。同样重要的是，用更全面或者更灵活的眼光来看待自己的早年经历，因为即便是创伤性的或缺乏安全感的童年，也可能包含着爱、快乐和亲密的特征。接受自己的童年经历，承认它们塑造了你和你感受事物的方式，这是一个很重要的方法，在你与孩子互动时，能够将你的情绪温度调整到合适的区间。理解你自己的内在故事和你过往的关系史，将帮助你将自己的情绪温度调至某个范围内，从而能够更清晰地思考孩子和他的心理状态。

有能力原谅自己、接纳自己的感受，这是管理情绪、成为反思性父母的重要一步。当你体验到某种情绪或心理状态，接纳和原谅你自己拥有这些状态，这就是更具灵活性、更具反思性的方式。换句话说，意识到你自己的感受总体而言是件好事，就算是这些情感让你难过或者痛苦，也是好事。相反，假如你经常性地评判自己和他人的想法和感受，反倒会影响你的整体情绪状态，进而影响你处理重要关系的方式方法。

在第4章中，我们将向你介绍一个工具——"父母三步法"（或者"父母APP"），帮助你运用反思性养育方法，该方法强调三个重要成分，我们认为这三点对于育儿中的反思性至关重要。现在，你已经有了一些可以放在"父母导图"中的想法，你知道这些方面对你的感受和育儿方式都有影响，你也掌握了一些方法来管理情绪，下一步便是"父母三步法"。我们会向你展示，如何在日常亲子互动中使用这个APP。希望它能真的帮到你,让你和孩子都有更好的联结感。

## *反思性养育总结*

### 情绪温度计

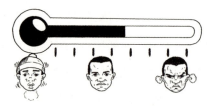

**情绪温度计是什么……**

情绪温度计是一种方法,在任一特定时刻,都可以将"自己的情感强烈到什么程度"这个问题放在心里面,可以用它来衡量何时适合采取行动,何时适合按兵不动。

**它有助于你……**

情绪温度计让你更有能力觉察"自己的感受是什么",以及你的"体验有多强烈"。这将帮助你找到方法,降低情感对你的影响,让你内心变得更加平和。

**它有助于你的孩子……**

情绪温度计对孩子也有好处,因为当你与他互动时,你调节自己感受的能力越强,就越不会做出过激的反应。这样一来,你的孩子就会看到,你在为自己的感受负责任。

**它有助于亲子关系……**

牢记自己的情绪温度计,就不大可能出现这种局面:你和孩子的互动快速恶化,脱缰失控。心里记着情绪温度计,你就会理解孩子的感受,你俩就会更加亲近。

**请牢记……**

1. 用情绪温度计来衡量何时适合采取行动,何时适合按兵不动。

2. 注意到你自己的想法和情绪,培养你的能力,成为更具反思性的父母。

3. 一旦开始注意到自己的感受,你就能够反思自己内心发生了什么。

4. 朋友和网络都可以帮到你。

5. 接纳你自己的感受,也接纳孩子的感受。

6. 请记住,你的孩子还只是孩子,他有独立于你、完全不同于你的一套想法和情感,他的年龄和他生活中发生的事情都有别于你。

# 4 父母三步法

你有没有好奇过,孩子的脑袋里到底在想些什么?

妈妈卡伦喊了三遍开饭了,玛蒂(12岁)才过来吃饭。她拿着手机,跟朋友发短信,而妈妈却想跟她聊聊今天的事情。

卡伦:"今天期末考试考得怎么样,玛蒂?"

玛蒂在椅子上动来动去,很不舒服的样子,一边挑着饭菜,一边低着头继续给朋友发短信。

卡伦:"玛蒂! 能不能把手机放一边儿,我在问你话呢。"

玛蒂:"呃,什么事? 你说什么?"

卡伦:"我在问你,考得怎么样?"

玛蒂:"呃,忘了。"

说完她继续发短信。

玛蒂的爸爸汤姆一直在观察母女俩的互动,这时突然爆发了:"玛蒂,不要玩手机了,吃饭! 对你妈妈尊重点!"

玛蒂推开盘子,站起来,大吼道:"我回房间了,你们没谁看出我怎么了!"

卡伦:"这都是什么事呀? 我怎么知道她脑子里在想什么?"

下面,你将了解一些基本原理,以便育儿时变得更具反思性,这样做的主要目的就是培养一个快乐、有安全感、有韧性的孩子。前面几章我们主要聚焦于:如何开始注意你自己的情绪,注意这些情绪从何而来,以及在亲子互动中,如何通过加强自我觉察,适当控制情绪。假如你遵循了这些原则,就更容易将你的心思转到孩子的内心去。

我们总结了一套策略,名为"父母三步法"(即父母 APP),可以帮助你"看到"孩子的内心,让你与(你所理解到的)孩子的内心相联结。通过领会孩子当下的内心状态,"三步法"可以帮助你与孩子的体验调谐,而非只是简单地回应孩子表现在外的行为。这会让你对孩子的行为有全新的理解和领悟,赋予新的意义,并给你们的亲子关系带来明显而切实的改变。它会帮你避免发生上述例子(玛蒂与她妈妈)中的亲子互动问题,还会让你看到,对孩子的内心世界好奇,会让彼此都更有联结感。我们将其称为"父母三步法"(或者父母APP),因为它包含了三大要素。这三大要素分别是关注、换位思考、给予共情。

# 关 注

对待孩子的反思性态度中,第一要素就是关注。想要理解孩子及其行为背后的信息和含义,那么,关注他就很重要。这一点看似了无新意,但我们所说的关注是一种特殊的方式,包括对他感兴趣、看着他、身体朝向他,以及在观察他、与他互动的时候保持友好的姿态。对孩子来说,这种互动方式相比"你就只是看着他",显得大不一样,会给他完全不同的感受。因为,当你以这种有意义的方式关注他的时候,你就更有可能让孩子知道你对他是感兴趣的。我们运用视频技术(使用视频互动指导)做父母工作,主要是让父母与孩子更加调谐,其中第一步就是帮助父母认识到关注孩子所带来的积极影响。家长们常常会惊喜地看到,以这种方式关注孩子,是如何让亲子互动变得更积极有趣的。

这里所说的关注包括"保持好奇"。在观察孩子的一举一动时，你能发现的远不止表面所见。保持好奇，是一种品质，有助于我们更多地从内心来看待孩子——为什么他会以这种方式来行事，而不只是关注外在发生的事情？——他实际上在做什么？从本章开头的例子可以看到，关注不是指在孩子没心思说话时，问他们之前都干了些什么；更多的是指对他们的心理状态表示出更普遍的好奇。例如，你可以问自己："他现在心情怎么样，为何如此难以沟通？"这样的做法更有帮助。从多方面来说，关心和好奇就是反思性养育最重要的品质，因为你主动对孩子的想法和感受感兴趣。某些时刻，你有能力反思，这时你会愿意以开放的心态去探索孩子的行为：对孩子如何体验他的世界感兴趣。这种兴趣可以从孩子生命中的某一天开始，继而持续存在于他的整个童年。

　　窗外一辆救护车呼啸而过，9个月大的宝宝杰克转头向着窗户。妈妈瑞秋看了看儿子，然后朝窗户望去，随后又回头注视着杰克，说："咦，那是什么声音呢？你好像很喜欢那个声音。"

　　瑞秋在思考着她的宝宝："你可真有趣啊，你用自己的方式看事物，我对此很感兴趣！"她注意到了宝宝所注意到的东西，对杰克如何体验这个世界感到好奇，并试着理解他对周遭事情的看法。

　　在思考要如何关注孩子时，可以想象一下自己在他眼里呈现出的样子。如果你正在超市收银台前排队，前面童车里有个小婴儿正咧着嘴笑。你可能也会自然而然地微笑，扬起眉毛，或许还会夸张地张开嘴，温柔地甚至用唱歌一样的腔调跟他说："嗨，你好呀！"这就是我们所说的"关注"——带着生动的表情、保持眼神接触、呈现友好而感兴趣的姿态，积极主动地倾听他、鼓励他，让你的声音变得柔和——从孩子的角度来看，所有这些都表明你在对他保持关注。令人欣喜的是，这些要素也会让你在与孩子的每一次互动中，更加兴趣盎然，更加享受互动体验。你可能会意识到自己的行为，而后可能会觉得有些不自在。不过，努力克服这种不自在的感觉是值得的，因为我们知道父母的反应有多么重要——我们看到了父母积极改变跟孩子的沟通方式，对孩子会产生巨大的影响。

想象一下，父母看见自己2岁的女儿用她黏糊糊的小手攀着桌子爬了上去，于是问："你在做什么呀？"说话时语气轻柔，脸上带着微笑，同时伸出双手把孩子从桌上抱下来。像这样，父母意识到自己的心理状态会对宝宝产生影响，然后展现出开放、友好的表情，就能关注孩子的一举一动，同时规范孩子的行为，避免情境升级发生冲突、孩子闹脾气。再想象一下场景相同但处理方式截然不同的情况。父母走进房间，满脸怒气，大喊："你这是在干什么？！"然后把孩子从桌上拎下来。这样做或许能让孩子快点儿下来，但由此导致孩子心烦发脾气，那就成了下一个要去应对的问题。这种专横的方式所带来的后果，往往比孩子原来的行为更为棘手。

对于那些大点儿的孩子，父母经常会问的几个问题是：今天在学校怎么样？你和谁一起玩的呀？午饭吃的什么啊？虽然问这类问题很正常，但未必能帮你和孩子建立情感联结，让他们觉得自己的情感被理解了，也未必能让你和孩子的关系变得更亲近。相反，如果你对孩子的内心发生了什么感兴趣，那么，可能你就会注意到,在被问及今天如何之类的问题之前,他们需要先放松一会儿。

## 关注的效果

"后退一步,并观察",这会让你开始好奇孩子在做什么。你所注意到的那些东西,便是观察孩子内心世界的第一步,会让你理解他的行为。父母们往往觉得,自己要每时每刻都积极主动地参与孩子的事情,要么觉得在与孩子的互动中,自己必须得带头,要么觉得自己应该一直忙个不停。若就只是"停下来、观察"孩子在做什么,父母们或许会觉得这很奇怪。然而,仅仅是观察孩子、享受这个过程,跟随他的引领,好奇他在做什么、想什么、内在的动力是什么,你就已收获满满了。一位父母观察她自己的行为,然后说:

> "我过去常给予孩子太多压力了。我觉得自己必须和儿子一起玩儿、一起干点什么,但我觉得压力很大,总在刻意表现我在做些什么。我应该明白,仅仅这样看着他,让他知道我对他的一举一动都感兴趣,其实就是我在做些什么了。所以,我想,现在我是跟随他的引领了。"

关注孩子的所作所为、所思所想,其作用不容低估。养育孩子的过程中,注意力是你所拥有的最强有力的工具之一,你关注他或收回你的关注,都会对他的想法、感受和行为产生重大的影响。我们经常听到人们用"寻求关注的行为"这个词,来批评孩子,有时也用来指责成年人。然而,当孩子看起来调皮捣蛋想要引起你的注意时,或许就是在暗示你要后退一步,给予他更多关注。你一旦开始思考"寻求关注是为了什么",那么,你就可以更好地理解孩子的内心发生了什么,而这随之一定会改变你与孩子的互动。孩子体验到被人关注、体验到你对他感兴趣、对他的内心好奇,这种感觉非常棒!如果你一开始就能意识到并控制好你自己的情绪状态,这些做起来会更加容易。

　　瑞秋正在喂9个月大的儿子杰克吃东西,但他动来动去,就是不吃。瑞秋约了朋友一起玩,所以希望杰克吃快点儿,但现在已经晚了。瑞秋注意到自己对儿子变得越来越烦躁,她明白,自己不应该这样,这样也于事无补。她没办法让杰克吃东西,所以她决定试着让自己不再担心迟到的事,而只是看着杰克。瑞秋放下勺子对杰克说:"我们迟到了也没关系啊!你在做什么呢,宝贝?"然后,她发现自己竟然对杰克在做什么越来越感兴趣,而不再着急出门了。除此之外,瑞秋的脸上也露出饶有兴趣、和蔼可亲的样子,然后她发现儿子也看向了她。杰克注意到了妈妈正兴致勃勃看着自己,他看起来放松了,他看着妈妈的眼睛,笑了。瑞秋和杰克继续看着对方,微笑着。然后,瑞秋发现杰克伸手去够勺子,于是说:"你想要勺子吗?你想一直拿着它吗?宝宝,好,给你,勺子在这儿。"结果,在瑞秋关切的注视之中,杰克开始自己吃饭了,尽管吃得比较慢,撒得到处都是。

　　当瑞秋更多关注儿子的时候,她便展现出友好的姿态和表情,此时她就能注意到杰克想要自己拿着勺子。重要的是,妈妈和儿子都体验到了这样做的积极效果(瑞秋没那么烦躁了,杰克也觉得自在些了,能轻松地吃饭了)。最终的结果是,两人都感觉彼此更亲近了。这种正念的方式——只是"待在当下、保持平静",有助于父母和孩子之间产生愉快的、联结的感觉。

对孩子行为背后的原因感兴趣,并保持好奇,对促进亲子互动还有其他好处。我们来看看下面的例子,了解一下好奇心是如何发挥作用的。

乔恩和两个孩子正在公园里玩耍,他抱起6岁的儿子查理,假装要把他扔进小溪里。4岁的女儿艾拉吓坏了,痛苦地大喊:"爸爸不要!"她跑到妈妈身边,紧紧抱住她,看起来惊恐万分。乔恩心想:"女儿怎么了?""她为何感受如此强烈?"随后,他走到女儿面前,决定保持好奇心,去了解一下女儿为什么害怕。他说:"你以为爸爸真的会把查理扔进小溪,对吗?"艾拉别过头去,把头埋进妈妈的怀里。大约10分钟后,她走到爸爸面前,说:"爸爸,我刚才那样就是害怕,是吗?"乔恩回答:"是的,我觉得你确实是害怕了,你以为我真的会那样做吗?"她说:"是的,我以为爸爸要扔掉查理。"

如果你跟乔恩一样保持好奇心,就可以主动向孩子表明,你对他和他的内心状态感兴趣,也可以向他表明:他值得别人关注。这个例子表明,乔恩好奇女儿艾拉的反应,并向她说出了自己的好奇,这使得艾拉也开始好奇自己为什么会那样做。这就教会了孩子思考他们自己的情绪,以及这种情绪意味着什么。久而久之,孩子就学会了调节或者说管理自己的感受。作为父母,你可以通过这种方式给孩子播下好奇心的种子。长此以往,你的孩子就会开始对别人好奇，会思考他人为何会以某种方式来行事。

或许你还会发现，当你对孩子的行为持有真正好奇的态度时，你对他的行为自然就不会那么挑剔了。

公园里，汤姆2岁的女儿莫莉想从婴儿车里出来。汤姆刚给她解开安全带，她就跑开了。汤姆冲女儿大喊让她停下来，此刻他感到一股怒气腾地冒了出来（幸好他自己意识到了这一点）。汤姆突然想起有个爸爸跟他说过，他儿子也是经常一有机会就跑掉。这让汤姆很好奇，为什么小孩子总想跑开？从莫莉的角度来看，这样做的时候会有什么感觉？好奇心立刻减少了他的怒气。他想，对孩子来说，跑开多好玩儿啊（换位思考）。于是他决定给莫莉设置一些好玩儿的来回跑的活动，在公园四处做上标记，她就可以跑过去、绕圈圈、跑回来。莫莉玩得很开心，汤姆也开始更加享受和女儿一起在公园里的时光了。

在你真正关注孩子，并以一种友善且好奇的方式去关注他们在做什么的时候，他们会非常喜欢。若想知道这种关注带给孩子们的感觉如何，你可以想象一下：你在表达自己的时候，有人全神贯注地关注你；你再比较一下，没人在乎你的感受，尤其在你情绪激动而别人却视若无睹时，这两种感觉有何不同。我想，至少后者给你的感觉是不好的。反思性育儿的态度当中，关注和好奇是基础。有了这一素质，真的对孩子的心理感兴趣，接下来的两步"换位思考"和"给予共情"就自然而然地跟进了。

100

# 换位思考

在亲子互动中，第二个应该具备的素质是"换位思考"。作为成年人，我们理所当然地认为"人心隔肚皮"，很难知道别人心里在想什么。这个道理为什么不用到我们的孩子身上呢？我们很容易假定孩子看待世界的角度跟自己一样。我们也常常觉得，作为父母，我们很清楚孩子心里在想什么，然而，事实并非如此。

大多数时候，我们都理性地与周围人相处，知道"自己不可能确切知道别人怎么想"。不过，我们也能猜到别人在想什么、有什么感受，尽管有时候很费劲。如果我们看到有人拿着地图在某处走来走去，在街道名称和地图之间来回核对，我们就能猜到：她迷路了。当然，这比弄明白孩子为什么情绪不佳或行为不良要一目了然得多。请记住：你的孩子有一套不同于你的想法和感受，但同时，你仍然能够猜测孩子的内心，记住这点就能有所帮助。能准确地换位思考或理解他人的观点当然很理想，但在某种程度上，"努力地"理解他人，这一点本身就很有价值。这种努力属于好奇和关注的一部分。在我们考虑孩子的养育问题，思考他们有时怪异、令人不解的行为时，我们极有可能错误地理解孩子内心的想法和感受，这也很正常，就像你对伴侣、朋友和家人的猜测也不一定总是正确一样。

同一件事，从不同的角度看可能会大不一样。有时候情绪激烈，孩子在发脾气，这种时候就很容易忘记这个道理。"孩子肯定知道自己在惹你生气或烦你"，你是否常常发现自己这样想？此类假设是建立在你(错误地)以为孩子能读懂你的心思,知道你在想什么的基础上。其实,很可能是你自己愤怒、烦躁的情绪催生了这种想法(即认为孩子故意这样做)。

有一点我们要谨记:至少在3～4岁之前,孩子还无法完全从他人的角度看事情。这一点值得记在心里,因为作为父母,我们往往会认为孩子存心做某些事情,就是为了让我们产生某种情绪,做出某种行为。一位妈妈说,她觉得孩子反反复复问同一个问题,"就是为了烦我"。她的朋友则想知道孩子之所以反复问同一个问题,是否有其他原因。经过反思,那位妈妈觉得,她女儿可能是因为"担心得不到自己真正想要的东西"而焦虑。在这个例子中,从孩子的角度出发,弄清楚孩子反复问问题的行为背后的情绪,才能帮到这位妈妈,让她从认为"女儿故意惹自己生气"前进一步,达到较为调谐融洽的亲子关系状态。意识到孩子发育的阶段性,有助于我们看到,18个月大的宝宝躺在地上哭闹,并不是想惩罚我们,因为如果真是这样,他得拥有某种认知技能,而在他这个年龄,还远未发展出来。试着去了解是什么让他如此不开心,才更有帮助。所以,在换位思考时,不仅要去看孩子在想什么,还要看他可能有什么感受。任何时候都要记住,孩子的想法和感受与你的想法和感受极有可能截然不同。

在生了双胞胎格蕾丝和莉莉后,马特和瑞秋带她们去度假。他们开了将近5个小时的车,才发现度假小屋的门钥匙忘带了,然后他们便站在车前争论钥匙本应该由谁带着。这时,格蕾丝和莉莉在后座哭了起来。此时如果她们能用语言口头表达出自己的感受,她们可能很想说,比如:"我们安安静静坐着不动快5个小时了,现在很累,想出去,你们相互吼叫,这让我们感到有点害怕,我不明白,你们是不是不喜欢对方,还是说你们对我们很生气?"

想象一下,如果瑞秋和马特停止争吵,去猜测孩子们此刻的内心状态,并说出她们的想法,格蕾丝和莉莉会感觉如何呢?思考每个孩子的体验,既能帮助父母审视自己的情绪对孩子产生了何种影响,又能让大家都平静下来。如果坐在车上的主要目的是让大家和谐到达目的地,那么试着想象两个小宝宝的感受,无疑是非常积极有益的、往前推进的好办法。例如,如果瑞秋和马特在半路停下来,对格蕾丝和莉莉说:"我们现在休息一下,吃点好吃的吧,你们俩在后面一直坐着肯定很无聊,有点难受吧?"假如他们能围绕着孩子以及自己的需求来安排行程,一切将会顺利得多。一旦我们开始这样对待孩子,我们的行为方式,甚至语气、语调都会发生很明显的变化。因为仅仅只是觉察到孩子们可能会如何感受,而不是去假设他们心里会是什么状态,就会对我们如何感受、之后如何行为有立竿见影的作用。在上述场景中,一旦瑞秋和马特站在宝宝的角度思考这段漫长而疲惫的旅程带来的体验,那么,他们对彼此争吵对于孩子们的影响很可能就会有不同的感受了。

什么时候孩子的行为会令你产生强烈的情绪?仔细想想这一问题你就会发现,在孩子调皮时,在你比平时更觉紧张、烦躁时,你更有可能产生负面情绪。你的感受会左右换位思考能力,所以在你十分紧张、愤怒或难过时，就很难后退一步从孩子的角度考虑问题，也很容易误解孩子的行为。如果你还记得父母导图中的一个参考点是"当下的强烈感受"，那么觉察这些感受对你养育孩子的影响，你便能学会管理自己的情绪。这些都能帮助你学会后退一步，思考孩子的心理及其对世界的独特体验。

我们会被自己的情绪牵着鼻子走，导致与孩子发生冲突争吵，之后又非常懊悔，这种情形十分常见。理解并接受孩子的心理状态，注意到孩子的心理与你不同，这并不等于接受他们的行为（比如有些行为极具挑战性，你无法接受）。真正有意思的是，如果你努力从孩子的角度看问题，就有可能改变孩子的不良行为。这又回到了两个话题——被关注的力量，以及感到被人理解的作用。稍微多些理解和换位思考，孩子与父母的感受、行为都会改变，这真的很神奇。想象一下，在本章第一个场景中，假如妈妈卡伦说"我知道你不想在吃饭时谈论考试"或者"现在不去想考试的事，我们好好吃饭！和你坐在一起吃饭我就很开心了。"看看玛蒂在感到妈妈有点理解她一天下来的疲惫和厌烦的感觉时，会不会敞开心扉谈论考试的事，这会很有趣。对年龄较小的孩子，如果你不冲他大吼大叫，不催他快点刷牙，而是观察他有时候早上有多赶时间，并且对他说"早上好忙啊，如果能多点儿时间刷牙就好了"，看看他会做出什么不同反应来。

试试这个方法：下次当孩子大吼大叫时，看看你能否从自己的情绪反应中跳出来，试着从孩子的角度来理解，他之所以喊叫是因为他无法管理他的感受。孩子的行为方式可能不合理，但背后的原因却是完全合乎情理的。

我们来看看下面这个家庭，他们家有个10岁的孩子。

卡伦、汤姆和他们的3个孩子正在进行家庭烧烤聚会。10岁的儿子山姆一直在和表弟们玩蹦床，吵闹不停。卡伦让山姆从蹦床上下来，进屋去，但他不同意，卡伦便试着哄他进去，这时卡伦的父母参与进来，说她"脾气太好了"，不懂得如何管教孩子。卡伦很尴尬，在父母的压力下，她大声呵斥山姆从蹦床上下来，让他的表弟们继续玩。山姆对妈妈说了句脏话，此时，爸爸汤姆笑了起来。

如果更多从别人的角度来考虑，他们的做法会有何不同呢？卡伦可能会反思，山姆被表弟们推来推去，感觉很烦，而且，要他从蹦床上下来，而其他人却可以继续玩，他就会更生气。卡伦可能还会反思，自己冲孩子吼，是出于家人给她的压力，他们要求她对待孩子的方式并不符合她平日的做法。如果卡伦能意识到这是她父母的养育方式而非她自己的，那她可能就不会大声呵斥山姆了。她还觉得，汤姆听见儿子说脏话时笑了起来，有损他们做父母的权威，而汤姆可能会坦言，说自己是出于尴尬才呵呵一笑的。之后，夫妻俩便可以思考山姆的心理，也思考一下儿子的心理与自己的有何不同。在下次遇到这种情况时，他们就能够采取不同的方式来处理了。

有些父母说，他们不明白孩子为什么会做出某种行为，为此常感心烦或担忧。其实，作为父母，对孩子的某种反应或行为感到不解十分正常，这并不意味着你不称职，这点你尽可放心。事实上，有时候对孩子的心理感到迷惑不解，还能有所帮助。我们没有读心术，很多时候就是不明白孩子在想什么。所以，说出来，告诉孩子，让他们明白你是真的不知道他们在想什么，这往往大有裨益——不过，在我们表现出好奇和兴趣时，也许就能有所洞察，而这将有助于我们影响孩子的行为。

## 换位思考对孩子的影响

善于站在他人的角度看问题，往往有重要的作用。由于你向孩子表明他的心理与你不同，他的感受和想法有意义，也很有趣，这就有助于孩子理解他自己的心理。而且，孩子学会站在他人角度考虑问题，这也是最重要的社会交往技能之一，这意味着，在你思考孩子的内心世界时，不仅在努力改善你们之间的关系，而且还在帮他提高社交技能——成为一个广受欢迎、讨人喜欢的人。研究表明：换位思考、安全依恋和受朋友欢迎三者之间密切相关。第7章将更详细地探讨换位思考对人际关系（包括与兄弟姐妹及朋友的关系）的影响

最新研究表明，换位思考能力欠缺与社交焦虑有关。在社交场景中，孩子们要去思考、感受一大群人和各种各样的事，这让他们应接不暇，觉得很难理解和应付，这会让他们感到焦虑，而焦虑还可能令他们高度警觉地感知环境中的"威胁"，若这些因素叠加在一起，焦虑就会升级。

# 给予共情

"父母三步法"的最后一个要素是"给予共情"。你对孩子采取

了好奇和换位思考的立场,之后,共情便能帮助你与你所理解的孩子的内心世界产生联结。我们所说的"给予共情",是指有能力理解且敏感于孩子的感受与想法。换位思考和共情之间的区别很小,但却很重要。换位思考仅指你理解孩子看待事物的观点与你不同;而共情则涉及他对某件事的体验引起你的情绪反应,即你被他的情感所触动,并让他知道他触动了你。帮助你和他建立联结的就是共情。在我们的人际关系中,共情能帮助我们与家人、朋友、左邻右舍甚至陌生人深深地联结。看到有人在街上乞讨,有的人或许根本不去想对方的感受,有的人或许会体验到无家可归、饥寒交迫是何种感觉。同样,也正是因为共情他人的痛苦,人们才会向慈善机构捐款。人们会对受害者或受惠人感同身受,当人们自身或所爱之人也接受过慈善赈济时,或者人们觉得自己与社区或团体有联结时,这种感觉会更强。共情的感受会让我们以截然不同的方式行事。

共情是人的一种能力,孩子在成长过程中不断学习来获得这种能力。作为父母,我们有很多机会表达共情,如,在与孩子谈论发生在学校里的场景时——围绕着那些激动人心的时刻、令他骄傲自豪的时刻,或者某件特别的事情(例如孩子从学校带了一幅画回家)——表达共情。在孩子不开心时,可能你感到特别能共情他,因为共情对改变情绪有着不可思议的效果,你想帮他克服这种感觉。孩子不开心时,共情他比较容易,孩子生气时,共情就难多了。不过,这种时候,共情尤其有用。甚至在你想管教孩子时,共情也能起作用;虽然你需要告诉孩子他的某个行为不对,但同时也可以表达共情,无论是一句简单的话语、一个适时的拥抱,还是一个关切的眼神,都可以在你与他的互动中传递出你理解他的感受。表达共情有两个重要作用:和孩子的感受相联结、让他知道你理解他的感受。当你共情孩子时,你体会到他的体验,你想象他的感受,你站在他的位置设身处地换位思考。

莉莉放学回家,告诉妈妈瑞秋学校操场上发生的事情。

"妈妈,苏珊和杰德在操场上玩游戏,我过去说我想和他们一起玩,但他们说不行。然后他们就走到操场的另一边玩去了。""哦,莉莉,听到这个我真难过,这听起来确实让人难受,我猜你被冷落了,肯定感觉很受伤,可怜的宝贝。""是的,我真的很难过,他们不想和我玩。"

在这个例子中,莉莉的妈妈用自己的感受作为引导,想象莉莉在那种情形下会有何感觉,她开放地体验自己的感觉,而这些感觉是莉莉在那种场景下的感觉,这样,她就能够准确地描绘出莉莉当时的感受。我们很难真的感受到孩子体验到的感觉,所以我们需要很努力地与他们的体验调谐。实际上,我们无法感受到孩子所体验到的同样的情绪,因此,试着想象他们的感觉,并将其用语言表达出来,这就尤为重要。

要让共情发挥作用,孩子就需要知道,你懂他的感受。仅仅了解他内心的感受还不够,你还需要把你的理解以一种有益的方式传达给他。而想要把共情真正传达给孩子,你的言语表达就需要真诚,非言语交流就需要与语言相匹配,交流的能量和活力水平就需要符合孩子的感受。

当你与孩子一道，体验他的感觉，与他对某事的体验相联结，这对孩子来说是十分美好的感受。共情对孩子的影响不可低估：在养育孩子的任何方面，在任何情况下，几乎都能起到积极正面的作用。孩子若出现不良行为，让他承担相应后果的同时，假如能给予共情而非烦躁或愤怒，你就会看到这一做法多么有效。我们在建议父母这样做时，有些父母会问：

*"但是，如果我退让，共情他、安慰他，岂不是会弱化规矩和惩罚的效果？"*

父母似乎不愿认同孩子的感受和观点，因为他们害怕这会让孩子出现更多不良行为。他们常常焦虑，认为在某种程度上，这样做是在为孩子开脱。然而，表达共情并不等同于安慰孩子，对他说："没事，一切都会好起来的，让我们忘掉这事。"相反，对孩子来说，知道你理解他，他会很受安慰。毕竟，共情是在传达一种感觉，即，你明白孩子的感受。被理解的感觉很美好，当孩子感到被理解、被认同时，他们就会积极健康地成长。因此，你对孩子共情，非但不会加剧，反而会减少他们的不良行为。当孩子感到父母在努力理解他们时，他们会更愿意合作，因为要想让孩子理解你的想法，最好、最简单的办法就是，先与他们的体验联通。事实上，在心理治疗中，最有用的办法之一就是共情和认同。通常，只有在来访者感到被理解，感到治疗师真诚理解并在意他们的想法后，他们才能听进治疗师所说的话。如果他们看到别人懂得自己的感受，就有助于听取他人的观点。这同样适用于你的孩子。我们来看看下面这位妈妈和儿子之间的对话。这位妈妈问道：

"刚才怎么对爸爸那么生气啊？"

"因为他是个非常刻薄、可怕的爸爸。"

"哦，怎么这么说呢？"

"他总是对我颐指气使，指挥我干这干那！"

"是吗？你这么认为吗？哇，那确实很糟糕，你一定觉得很不公平。"

"对，他根本就不喜欢我！"

"哦，好吧，觉得爸爸不喜欢自己，那感觉更糟糕了！要是我觉得我爸不喜欢我，我也会很气的。"

"我确实讨厌这样，感觉很可怕。"

"是的，我想也是，很可怕。好吧，我很抱歉你觉得如此糟糕。你知道吗，可能这对你爸爸来说也很难受！"

"真的？为什么？"

"他说他也此他很，此儿，它地过他做什，他是个都那干次，心也感觉很复地。"

通过好奇和表达共情，这位妈妈可以帮助儿子探索他对爸爸的感觉。如果她评判儿子的观点不对，并试图纠正他，孩子可能就会觉得被评判了。相反，她关注的是孩子的体验如何，而非事实怎样。通过倾听和共情，孩子最终能以不同的方式来看待这件事，因为在这之前他首先感到自己被理解、被接纳了。一旦孩子感觉到了这点，他们就有可能听进其他人的意见。

## 共情对孩子的影响

孩子如果感到被理解了，便更能听进去别人的观点。对成年人来说也是一样。如果你的伴侣或朋友真的表现出他们明白你的感受，相比他们没有对你表现出共情，你可能更容易对他们的所思所感产生兴趣。如我们之前建议的那样，对孩子给予共情，便可以激发孩子对他人共情。研究早已发现，持续的创伤事件会极大损害孩子共情能力的正常发展。如果孩子的心理没人思考，他们的想法和感受没人在乎，则很难让他们去考虑他人，关心他人的感受。孩子无法和他人共情，就会阻碍他们建立支持性的人际关系，也会妨碍他们感到被人关心。

尝试帮助孩子管理或调节情绪，最重要的方法之一就是确认他们的感受。这一点至关重要，因为它有助于孩子对自己的情绪更自在，并确信自己有权这样去感受。在第5章中，我们将更仔细地探究这个问题，因为告诉孩子产生这种情绪没有错，是反思性养育的重要部分。无论这种情绪的特征如何，对孩子来说，它都真实存在。如果想淡化或完全否认这种情绪，就会让孩子产生极大的困惑。

在亲子互动中运用"父母三步法"谈论、探讨情绪事件和经历，真的很重要。虽然这种方法在很多时候都能有所帮助，但要记住，并非任何时候都是谈论事情的好时机。时刻关注孩子的内心也会令他感到不适。问问自己：现在是否是与孩子互动、换位思考的好时机？我们在前几章探讨过，某些时候，你自己很紧张有压力确实会妨碍你对孩子进行反思。在自己心平气和的时候，或者孩子更容易接受的时候再与他交谈，这是成功运用"父母三步法"的关键。在孩子难以应对时，不要强行和他讨论。

## *反思性养育总结*

### 父母三步法

#### "父母三步法"是什么

"父母三步法"是一种态度，可以帮助你思考孩子的内心在发生什么，让你与他们的心理状态产生联结。

#### 它有助于你……

"父母三步法"将帮助你体会孩子内心发生了什么，而不是简单地对其表现在外的行为做出反应。这将改变你在亲子互动中的关注点，帮助你对孩子的行为产生新的洞察，并对他的行为赋予新的意义。

### 它有助于你的孩子……

在与孩子的每次互动中,如果你遵循了"父母三步法"的原则,你就为孩子的换位思考和共情能力打下了基础。这也有助于他逐步学会觉察自己的想法和感受,从而帮助他长大以后与他人建立良好的人际关系。

### 它有助于亲子关系……

"父母三步法"有助于你从心理学的角度看待孩子,在情感上回应他的感受和想法。其结果是:你们双方都会感觉情感上有深深的联结和理解。

### 请牢记……

1. 开始关注并好奇孩子的内心。

2. 注意你的语气、表情和措辞。

3. 对孩子的内心发生着什么保持好奇,让他知道,你不仅对他的外在行为感兴趣,还对他的内心感兴趣。

4. 不要期待自己永远都知道孩子的内心想法,因为你们各有各的心智。有时无法理解孩子为什么会有某种反应或行为,这十分正常,并不代表你不称职。

5. 站在孩子的角度看问题,会对他产生很大帮助。他看世界的方式与你不同,让孩子知道这一点,能帮助你多加反思,孩子也会感受到你的理解。这会带来更好的亲子联结。

6. 对孩子的感受表达你的共情,因为当他感到被理解和被认同时,他会更容易接受并听进你的观点。

7. 孩子出现不合理的行为,原因却可能是合情合理的(原谅他们)。

理解和接受孩子的心理状态,并不意味着你必须接受他们的行为。

8. 选择你心平气和的时候与他交谈,你会发现,这时使用"父母三步法"更加有效。

# 5 帮助孩子管理情绪

　　我们努力帮助孩子在其生活的海洋里航行，在此过程中，常常关注他们的行为，却不常关注他们的感受。但是，很多情况下，帮助孩子管理感受才是重中之重，因为这不仅会影响他的行为，还会影响他与你及其他人的关系。所有孩子都很难管理他们的感受，尤其是在他们累了、饿了或者特别想要某样东西的时候，更是如此。

　　丽莎和她6岁的儿子查理在商店里。她买了面包和牛奶，查理则在柜台上发现了一本杂志，上面附有玩具。他问妈妈可不可以买玩具，丽莎说："不行，我们是来买面包和牛奶的，不能买玩具。"查理开始哼哼唧唧，拉着妈妈的衣服说："我要买，为什么不能买？"丽莎回答道："你不能每次来店里都买玩具，对不对？"查理说："这不公平，我就要买！"他踢着妈妈的脚踝，喊着："我要玩具，我就是要玩具！"他号啕大哭，不肯离开商店。出于无奈，尽管孩子在哭闹，丽莎仍然将他拽出商店，拉着往家里走。他一路上都在哭。到家的时候，两个人都精疲力竭，又沮丧又生气。

你遇到过这种情况吗？你是否想过，"为什么孩子哭个不停，为什么不听我的话，为什么那么任性呢？"如果查理的妈妈可以帮助他管理情绪，情况会有何不同呢？这一点为何如此重要？

知道如何帮助孩子理解和应对自己的情绪，这至关重要。主要原因有三：

### 1. 在他成长的过程中帮助他

孩子来到世上，并不是生来就有能力了解自己有怎样的感受，也并不明白为何会有这些感受。对于婴儿来说，他的感觉是弥散的，因为他们的大脑发育不成熟，他们被体验包围、淹没。在他的大脑足够成熟、可以有效处理强烈感受之前，一直持续整个童年甚至青春期，他都需要你的帮助和支持。

### 2. 他的情绪会极大地影响他的行为

如果孩子可以越来越熟练地理解自己的感受，也越来越能成功地管理感受，那么，他做出强烈反应或冲动行为的可能性就会降低。把情绪和行为之间的关联记在心里面，这将会让你和孩子都更容易理解他所作所为背后的内心故事，也有助于给他的人际关系带来未来的稳定性。

### 3. 帮助你在冲突中还能与他保持联结

假如无法看到你在帮助他处理情感体验方面所起的作用，而仅仅关注他的行为，那么要解决问题就越发困难。在某些情况下，实际上你可能会火上浇油，让情况变得更糟，令你们无法沟通。结果，冲突持续的时间反而更长，因为他的大脑会因情绪而过热，也就是说，他无法思考自己在做什么，就更别说管理自己的行为了。

牢记这三点，现在，我们来了解一些策略，帮助你的孩子管理他的情绪。

## 帮助孩子管理情绪的策略

如本章开头的例子所示，一旦你的孩子情绪失控，你和他都容易感到被情绪淹没，这很快就会导致你们之间关系破裂。你可以尝试以下几种策略，帮助孩子管理他的感受，同时也让你与孩子保持联结。在下一章，我们会更详细地探讨，如何利用你与孩子之间的误解来增进你们之间的关系。不过，只有孩子冷静下来，情绪温度略有降低时，这种方法才行之有效。也只有这个时候，你才可以和他一起思考之前发生了什么。

以下策略，你可以试一试，并牢记于心。你可以单独使用某一策略，也可以结合使用，具体取决于实际情况，以及孩子所体验到的感受的强度和类型。

### 共情与确认

共情和确认孩子的体验，主要是为了让他感受到被你理解，被理解的感受会降低他情绪体验的强度。因此，表达共情，确认他的感受，是一种有用的方法，能帮助孩子管理感受，这很重要，而这同时也有助于你与他保持联结。同时，还向孩子传达了"有这些感受，是正常的"这一态度，这是反思性育儿的重要组成部分。如果孩子觉得自己不被理解，可能就会产生反作用：

艾拉的爸爸妈妈要去参加婚礼，要离开一整天，所以奶奶来照顾她，她对此很不高兴。听说奶奶要来家待一天，起初她小声嘀咕发牢骚，随后她变得很没礼貌，开始发脾气。最终，当看到奶奶来了，她大叫着说不想见到奶奶，"不喜欢"奶奶。艾拉的父母斥责她对奶奶没礼貌，对她说："奶奶多好呀，和她待一天，你该高兴才是。奶奶想和你一起玩。"

在这个例子中，艾拉的父母不允许她感到生气或烦躁，也不许她说奶奶的坏话。对她来说，这种感受与她不想让爸爸妈妈离开一整天是有关的，而她的不满，与父母一整个星期都没有多少时间陪她有关。通常在星期六，他们一家人会在一起共度愉悦的时光，而现在，她被留在家里了。艾拉的感受没有被看到，她觉得自己不被理解，结果她变得越来越生气和烦躁。不仅如此，父母还告诉她，她应该有另外一种感觉——开心。因此，她感到非常困惑，困惑自己为什么感受不到父母所说的开心。

如你所知，给予共情是"父母二步法"的一部分，也是我们鼓励你在与孩子互动时带入的一种品质，这样就可以与你构想的孩子的内心世界相联结。思考孩子内心状态如何，然后准确表达出来，是帮助孩子管理情绪的极佳办法，也会让孩子在跟你交流时感觉与你有联结。表达共情和确认的一个重要部分就是，你要用"将心比心"的方法来对待孩子。

如果孩子发脾气，你可能产生不了共情的感觉。但是，共情的话语可以向孩子表明，你明白他的感受，这确实有助于缓和情绪，避免冲突进一步升级。共情具有强烈的情感成分,它可以向你的孩子表明,你领会到了他的感受,而且感受到了他所体验到的情感。共情将孩子的感受镜映回去(像镜子一样映射)。以一种标记性的方式,命名感受,并在你脸上镜映出孩子的感受,这很重要。若你的表情与孩子的感觉相匹配,这就是"打了标记的镜映"。大多数情况下,我们自然而然就会这么做,但是,一旦我们心里有其他事,或者受制于自己的强烈情绪,那么,我们脸上就很难镜映出孩子的内心状态。

比如,看到艾拉很烦躁,父母的脸上也呈现出烦躁的表情,与孩子的烦躁感觉相匹配,然后试着说:

*"我知道,不能和我们待在一起,你真的很失望。我们知道你喜欢星期六,因为以前星期六我们都待在一起,现在这样(不带你去)你感觉到不公平。"*

共情的话语还有另一个好处,它还会把你自己的情绪温度降下来,因为当你开始想象从孩子的角度看会有什么感觉时,一旦你感同身受,你的内心就会产生共鸣。这自然就会影响你的交流方式,比如:音量降低、显得更镇定、面部肌肉放松,而这又会减少冲突的可能性。因此,这些再加上话语本身的影响,真的可以缓和冲突。

有时候,尤其是孩子正在生你的气,直接向他表达共情可能会让他更生气。如果有伴侣在场,则可以用另一种方式表达共情,也就是当着孩子的面,向伴侣表达孩子有什么感受、为什么有这些感受及你的想法,而不是直接和孩子说。这样能以较为和缓的方式,让孩子感到被理解,对于年幼的孩子尤其有效。

让我们回到本章开头提到的查理和他妈妈丽莎的例子。

到家的时候,查理对妈妈非常生气,这不仅是因为妈妈说"不买"的方式,还因为他感到没有被妈妈理解或感受未被确认。在车上,丽莎试着共情儿子,但查理似乎变得越来越生气。他们到家时,丽莎转向乔恩,以一种同情的语气说:

"可怜的查理,他很不开心,在生妈妈的气。刚才在商店里他真的真的很想要一本附有玩具的杂志。我说不买,他肯定非常难受,对我很生气,我想我也情绪失控了。"

查理的父亲抱着他,说:"哦,可怜的查理,听起来对他来说真的太难受了。他肯定特别想要那本杂志附带的玩具!"

有的时候让你的伴侣介入,确实会有所帮助,就像这里提到的那样,丽莎向伴侣谈起查理,而不是直接跟他说话。或者,另一种情况,如果孩子生你的气,鼓励你的伴侣参与进来帮忙解决问题,可能比他自己一个人单兵作战更加有效。

此外,你可能会发现,孩子非常烦躁的时候,共情的话语可能会让他继续表达更多的负面情绪。所以,如果在商店里,查理的妈妈共情他,可能会放大他的感受,无助于解决问题。共情反而可能会让他觉得有望改变妈妈的想法,从而更加强烈地表达自己的感受,并且还可能给他植入一种观念,即表达自己的强烈感受就可以得到他想要的东西。相反,选用表达确认的话语,可能会更加有效。

确认与共情很像,目的都是让孩子明白你理解他的想法,但不同之处在于,它不会让孩子过多地回到体验中去。之所以有这样的效果,是因为在表达你对他的理解时,语气语调与共情有较大区别。在使用确认的话语时,你更多是表达你的关注和兴趣,而不是将同样的感受映射回去。你的话听起来很真诚,没有过分情绪化,再加上陈述简短,就足以确认孩子的感受。此外,这些话具有"将心比心"的性质,换句话说,它们"贴合"孩子的所想所感。

我们来看看卡伦与她2岁的女儿莫莉的对话中,是如何"将心比心"的。

莫莉10岁的哥哥山姆正在玩游戏,她假装明白这个游戏,但她不会玩,对此她有点受挫,卡伦看在眼里,评论道:"你不能像哥哥一样玩这个游戏,感觉不开心吧。"

在这句话中,卡伦准确地猜测出了莫莉的内心状态,最重要的是把它说了出来。在前面的例子中,在商店里,查理的妈妈可以这样说:

"我知道,如果我们每次来商店都买个玩具,你肯定会非常喜欢,但是不能每次都买,对你来说当然不乐意。这的确让人感觉失望和心烦呀。"

像这样简单的确认性的话语,承认了查理没有得到玩具的失望,也表达出妈妈明白,从他的角度是很难的,但同时也坚守了规则。你对孩子的体验表示理解,这不一定就意味着你喜欢或赞同他的所做所为或所感所想。不过,对孩子的体验表示理解,的确意味着你理解他的行为和感受是怎么产生的。这些话的准确性很重要,如果你实在不知道孩子的想法或感受是什么,那么,明确地告诉他你正在努力猜测他的心理,这对他也很有帮助。

在运用"父母三步法"表达确认时,要注意:

1. 集中注意力,积极倾听——保持眼神交流,保持专注。

2. 觉察自己的回应,尤其是非语言交流,如咂嘴、翻白眼等。

3. 你能听进去孩子在说什么、想表达什么吗? 在你的脑中留出空间来思考他的内心状态,尝试站在他的角度——在现在这种情况下,他的体验是什么,他感觉如何?

4. 反映他的感受,不去评判。目的是让他知道你理解他的想法:"我知道,你很生气,因为……","我知道,这确实让你沮丧"。

5. 表现出你的宽容。弄清楚他内心的故事,试着站在他的角度来看问题;即使你不赞同他的行为,你仍然可以试着去共情他的感受。

6. 回应的方式要表明,你是认真对待他的。比如,查理的妈妈可以和他一起思考,他如何才能攒足零花钱来买附带着玩具的杂志。

## 巧用幽默

爸爸马特要求莉莉把玩具收拾干净,莉莉很生气,扭头对爸爸大喊"你是个怪物",爸爸夸张地弯下腰,将手指放在嘴唇上说:"嘘! 你不要把我的真名告诉任何人!"

沟通困难时加上一些幽默，可能会极大地缓和事态，让你和孩子更加亲密。当你尝试帮助孩子降低情绪温度时，幽默会特别奏效，因为在情绪温度升高时，幽默会迅速打破紧张气氛。在这种情况下，莉莉被逗乐了，她笑了起来，说："不，你是个笨蛋。"

　　可是，管教孩子以确保他行为良好，可能会让人感觉是个很严肃的问题。但为何一定要严肃呢？能够和孩子一起，嘲笑自己或者自己经历的糗事，这会让人神清气爽，压力也会大大减少。随后，若双方都能从某个情境中后退一大步，能够笑对这个情境，开个玩笑，一旦达到这个状态，你就已经成功地缓和这个情境了。与孩子建立轻松有趣的关系，可以让你们都感到更加亲密。比如，你可以尝试用搞怪的腔调，戏剧性地跳过去，以友善的声音说："我在这儿站了很久了，我想，蜘蛛都在我的肩膀和墙之间结了一张网！你能帮我看看吗？"而不是生气地吼道："我说最后一次，穿上你的睡衣！"

　　不过，使用幽默并非没有风险，你并不想让孩子觉得你在嘲笑他，所以在运用幽默时需要适度。例如，某件事情对你来说很重要，你向朋友讲述时，她开了个玩笑，你却可能觉得被嘲笑了，甚至让你感到生气恼火。在与孩子互动时，拿你自己开开玩笑，可能是一个较为稳妥的选择，也可能更加有效。可以讲你小时候一件搞笑的事情，或者承认有时候你肯定是全世界，甚至是整个宇宙最糟糕的妈妈或爸爸。能够嘲笑自己，或者取笑自己的处境，还有助于向你的孩子展示不同的视角，让他看到你也可以从外部观察自己。你以幽默的方式从外部看待自己，就会消除你所感受到的情绪热度,这样一来,就有可能会从对某事的极度气愤中走出来,变成嘲笑自己,并发自内心地笑起来。

## 分散注意力

将注意力从一件事转移到另一件事,这是所有人都会用的一种策略,一般来说都特别奏效。在对即将发生的事情(比如参加某个重要的工作会议,或是与你的确感觉不舒服的人共同出席某个社交场合)感到担心时,你会不会尝试关注别的什么事,来让自己摆脱烦心事? 同样,分散注意力也是处理孩子情绪的好方法。

分散注意力有几种不同的方式。对年幼的孩子来说,可以非常简单,比如,注意窗外一些有趣的东西,然后兴奋地说:"哇! 快看,菲利克斯! 我们家栅栏上那只猫,它是怎么跑到那儿去的!"对于年龄较大的孩子,你可能需要更加细致一些。可以用到之前谈话里孩子一直在说且感兴趣的事,试着将其想法引到这件事上。例如:

格蕾丝对妈妈瑞秋十分生气,她躺在床上,大哭大叫。因为妈妈告诉她,晚餐前不能再吃饼干了。她们为此而争辩,格蕾丝越来越生气。妈妈脸上带着困惑和好奇的表情,说道:

"听我说,格蕾丝,我知道你现在生我的气。"

"走开,你太讨厌了。"

"我知道你会这样想。但是,你之前说的话我想了一整天。"

"我不想听。"

"听着,格蕾丝,我知道你在生我的气,我理解,但是你之前说

124

的话是真的很重要。你想知道如何在平板电脑游戏中得到更多的水果奖励。"

"然后呢?"

"我想我知道办法了,你要进入兑奖区才能获得更多香蕉。"

格蕾丝和妈妈花了几分钟讨论游戏这件事,然后瑞秋决定再谈谈之前发生的情形。另一种分散注意力的方法,就是谈论你自己的经历,让孩子的注意力从他当前的关注点上转移开。不是跟他讨论之前聊过的东西来与他重新联结,而是和他谈论你自己曾经也和他有一样感受。例如:

"我知道,格蕾丝,你现在特别生我的气。"

"滚,你太讨厌了。"

"我知道你会觉得我很坏。也许现在你也很恨我。你知道吗?我小时候有多恨你外公和外婆呀。"

"关我什么事。"

"不,我敢说肯定关你的事。我小时候常常生他们的气。你知道吗,有一次我很生气,我倒掉了你外婆一瓶很特别的香水,因为这件事,我可是被狠狠惩罚了!唉,太糟糕了,她当时很生气!"

"真的吗! 外婆做了什么?"

"她两年不让我出去玩!"

"真的?"

"没有,好像不是两年,大概只有一个星期,但她确实大声吼了我!"

两人关系的风波已经安定下来,瑞秋觉得和孩子更亲近了,她想,现在离开也许是个好机会,可以让格蕾丝有一点个人空间。不过,她决定过会儿再与孩子一起想想刚才发生的事情,尽力解开误会。

在这两个例子中,通过引发格蕾丝对别的事情的兴趣,瑞秋成功转移了孩子的注意力。不过,她并非忽略女儿的观点或想法,她很清楚女儿的心理,但同时,她也很确定要把格蕾丝的注意力转移到别处去。如果你像瑞秋这样对孩子使用转移注意力的技巧,你就能将注意力从当下难以应付的感受中转换到某个更正面、更可控的体验上去。这也就将注意力切换到不一样的情绪上来。不过请记住,虽然分散注意力的方法可以帮助孩子从糟糕的情绪中转移出来想别的事情,但是,有的时候,过后还是要再去重新审视之前的情绪,比如对之前发生的事情进行某种讨论,或者只是评论,这很重要。通常来说,在事情过去之后再去思考它,要更容易些。把格蕾丝的注意力从她自己的感受,转换到妈妈瑞秋惹恼父母时的感受上,这也有助于降低格蕾丝的情绪强度。当孩子陷在某种情绪里,帮他转向未来的事情——想一想他如何度过这个不愉快的时刻并继续前行,这也很有用。这会让他看到,自己当前的情绪状态将会过去,生活每天、每时每刻都在发生变化。而且,他也可以开始对自己的感受好奇,并且开始谈论它们,同时还能明白,这些感受不会永远持续下去。

## 独处

父母都很熟悉"面壁思过"的意思和做法,通常我们将其用作一种惩罚手段，主要是让孩子暂时离开发生过不良行为的环境，目的是强化良好的行为。有的时候，"面壁思过"可以成为一种与孩子交流的方式，让他们明白，他们需要把愤怒和挫败感从自己的身体里发泄出去，或者让他们想一想自己的行为。但是，这种策略有其局限性，尤其是在将其作为惩罚手段时，更是这样。而"独处"则不同。当孩子稍大一些的时候，如果他们生父母的气、对父母不满了，就有可能主动选择单独待一会儿。当然，有的时候直接与孩子交流只会火上浇油，所以，分开一段时间对孩子确实有好处。要想让这种方法成为一个支持性的策略，就不要让孩子把它视为对自己的惩罚，比如"到你房间去，待五分钟"，而是把它当作一个帮助孩子冷静下来的建议：

"好吧，你现在好像真的不爽，在生我的气，很抱歉我帮不上什么忙。我想我在这里只会让你感觉更糟糕。我可以到楼下去待一会儿，也许这样会让你感觉好点。"

通过"独处"让自己冷静下来并进入"温暖"的情绪控制区间，这种能力跟学习所有新技能一样，都不是孩子自然而然就有的。首先，最重要的是，不要让他觉得让他独处是一种惩罚，而是要教给他一种新的技能。但是，孩子在生气和心烦时，根本无法学习新技能。因此，你作为孩子的教练，最好是让他在平静的时候练习这种技能。

请记住，这是一个练习，练习如何在一个空间中独处，在那里他可以学会控制自己的情绪（自我调节）。你甚至可以向孩子示范:利用这段时间,自己静静地坐在家里的另一个房间。一旦孩子已经成功地练习了这项技能,你便可以帮他为这个技能设计一个专属名字(我们认识的一个孩子将其叫作"冷却时间")。接着,你应该表扬他学会了这项新技能。在你的指导下,孩子学会这项技能之后,很快就能使用"独处"来让自己冷静下来,并思考自己的行为举止。

年龄大些的孩子,如果已经学会了怎样更好地调节情绪,通常就可以自己决定去独自待一会儿、冷静一下。要鼓励他,还要促进他更好地运用这种方式。例如:

12岁的玛蒂放学回家了,她在学校待了整整一天。一进门,妈妈卡伦就对她的校园生活问这问那,玛蒂开始烦躁起来,跟卡伦争论了几句,然后就关上房门,把妈妈拒之门外,对她说:"让我静一静。"妈妈对此也很心烦,说:"我就只是对你今天在学校做了些什么感兴趣而已。"玛蒂吼了回去:"我真的很累,在学校待了一天,我要去我房间了。"那天晚些时候,卡伦想,也许她应该问问玛蒂,下面这样做行不行——比如每天放学后,玛蒂有20分钟时间可以独自待在她的房间里,放松一下,或者做别的也行,之后,他们再来聊学校的事。玛蒂同意了,这种模式就确定了下来。大多数时间,玛蒂放学后都会在房间里放松一下,然后出来和妈妈一起聊聊这一天的情况。这种独处时光,让玛蒂和妈妈之间建立了更好的联结,还教会了玛蒂如何更好地管理自己的情绪。

## 通过抚触处理孩子悲伤难过的情绪

抚触具有安抚孩子、让其平静下来的效果,可以作为一个有用的行为表达,再加上一些语言表达,便可以帮助孩子调整情绪。一个温暖而充满爱意的触摸,加上身体上的亲近,会释放出催产素(一种与情感联结有关的激素),几乎可以立刻让你和孩子都平静一些。触摸加上话语,比如,用双臂环抱着他,说:"看起来,你真的很受挫;我来帮你平静下来。"或者,在孩子情绪强烈的时候,根本什么也别说,只是抱着他,让他待在既安全又安慰的怀抱里,这能让你们俩都感觉更好。

拥抱一个关系亲密的人,内心会有舒缓、温暖、充满爱意的感觉,你知道这种感觉吗?这种感受来自催产素。它是一种激素,在充满关爱地抚摸和拥抱时,会释放在人体内和大脑中,母乳喂养时母亲体内也会产生这种激素,婴儿的体内也有。催产素有很多积

极的功效，包括让人平静、增加被关怀的感觉、增进信任感、提升安全和亲密感、促进母婴联结、降低血压，以及调节睡眠模式。你的触摸方式也很重要，因为随意拍拍肩膀是不会有什么效果的。而真心拥抱，即将你的整个胸腹部贴于孩子的胸腹部，呼吸要慢、充分而放松，这时候才会产生理想的效果——孩子的情绪温度降下来，你们俩更加亲近。

## 错了就道歉

在你理解孩子行为背后的想法和感受时，假如他觉得自己被误解了，并且是你"弄错了"，那么，这会让他非常反感。而且，如果你没有告诉孩子是你弄错了，那么，这种体验和与之相关的被误解的感觉，就会让他情绪更加激烈。反思性育儿的一个重要部分便是：坦然承认你并不知道别人心里面在想什么，而且，你还要清楚地告诉孩子，你正努力去猜测他为什么会这样做。这种自我反省的态度与保持(对他人心理的)好奇心同样重要。你还可以承认，你以为自己知道孩子在想什么，或者你以为自己知道他为什么要那样做，但你可能是弄错了，这些对你的孩子来说很有好处。在他爆发情绪后，你能准确地猜出他心里可能有何种状态，或者你猜得并不准确，但你承认是自己猜错了，那他会感觉与你更亲近，还会觉得可以重建你们的联结。作为父母，我们都会犯错，但向你的孩子承认这一点，则是具有反思性的另一个重要方面。

> 在你尝试上述某些策略之后，接下来，为确保你全面了解孩子的所思所感，问孩子这个问题："可以多给我说些关于……的事情吗？"可能会有所帮助。给孩子留出时间、空间，让他可以告诉你更多的内心故事。

## *反思性养育总结*

### 管理孩子的情绪

**我们的意思是……**

反思性养育提醒我们，帮助你的孩子学会理解并最终管理自己的情绪，这一点有多么重要。反思性养育鼓励你采取积极主动的立场，以帮助孩子培养出这种能力。

**它有助于你……**

退后一步，看看你如何才能直接帮助他培养应对自己情绪的能力，这是一种态度，有助于你保持平静和共情。另外，专注于他的情绪，可以更快地解决问题，减轻你的压力，让你更加自信。一旦他变得更善于管理自己的情绪，他的行为举止将会更加得体，这又会为你带来更多好处。

**它有助于你的孩子……**

作为反思性父母，你专注于孩子的情绪，并且寻找办法帮助孩子自己来管理这些情绪,这将直接影响到他在其他关系中管理情绪的能力。如此一来,他与同龄人以及其他家庭成员的关系将会更加稳定、积极。

### 它有助于亲子关系……

在某些情况下,专注于情绪,对于解决问题、鼓励联结都有极大的好处,这对于维护关系的安全感和减少冲突都至关重要。若你能将自己的感受和表情与孩子的感受和表情相匹配,那么,感受到被你理解,将帮助他管理自己的情绪,提高心理的韧性。

### 请牢记:

1. 帮助孩子管理自己的情绪很重要,因为它不仅影响他的行为,还影响孩子与你及他人的关系。

2. 牢记情绪和行为之间的联系,会让你和孩子都更容易理解他行为背后的内心故事。

3. 在帮助孩子管理自己的情绪及与孩子建立联结时,共情和确认都很重要,可以减少冲突和问题行为。确认孩子的感受,表达出你对他的兴趣和关注,而共情则表达出你因他的感受而产生的感受。

4. 将你对孩子的心理状态和身体状况的想象说出来。这些"将心比心"的话语,可以帮助他理解自己的想法和感觉。

5. 幽默可以打破你和孩子之间的紧张气氛,让你们感到更加亲密,同时向孩子表明,你能够从不同的角度来看待自己。

6. 分散注意力有不同的方式,可以帮助孩子处理感受。这种方法可以让孩子摆脱某种糟糕的情绪。

7. 将"独处时光"变成一个支持性的策略,变成一个可以帮你和孩子平静下来的建议。

8. 在说出你所理解的孩子的感受时，注意你的面部表情。试着将你的表情与孩子的感受相匹配(打标记的镜映)。

# 6 行为规范:解开误会

我们不妨从寻常事说起:所有的孩子,在他们童年时期都有过不当行为。事实上,"行为不当"就是成长的重要组成部分。如果某个孩子从未有过不当行为,那实在是不可思议、不同寻常的。然而,这些"不听话"的行为通常会令大部分家长担忧,父母们都希望孩子的行为良好。

为什么不当行为会让父母担心呢?为什么孩子的不当行为会让父母们向问朋友的意见,或者购买育儿书籍,以寻求解决方案呢?答案复杂多样,具体到每个人,又都略有不同。它可能与以下内容中的某一项有关,抑或与每一项都相关:孩子们很考验家长的能力,他们突破限制,带给父母强烈的紧迫感;来自另一方父母或祖父母的压力,他们要求孩子以某种方式行事;社会上关于权威与尊重的信息;担心孩子现在的不当行为可能会影响他的未来;或者简单地说,如果孩子服从父母,生活就会更加轻松自如。当然,我们理解所有这些担忧,也明白父母为何要向他人寻求建议。本书主要目的便是提供一些观点,帮助家长间接地,甚或直接地减少孩子的问题行为。希望本章能够解除你的忧虑,而同时,我们将挑战有关规范的一些普遍观念,包括行为规范的目的、行为规范对孩子起多大的作用等问题。

在本章,我们将探讨并挑战这样一种观念:对于不良行为,必须阻止或管理。相反,我们将为你提供更为宽泛的视角:实际上,在处理孩子的不良行为时,既是支持他情感发展的绝佳机会,也是帮助他理解自己和他人的好时机。事实上,尤其是小孩子,本就不该时时刻刻表现得体、乖乖听话,因为,他们的需求与父母的需求常常完全相左。比如,你想让孩子裹得严严实实的,在走路去上学时可以暖和点;而孩子却想快速骑着滑板车上学,他想滑快点,但他的外套里面还有件棉毛套衫,他会是什么感觉?想想你的观点,想想孩子的感受。实际上你的孩子一点儿也不觉得冷,他想的是,在骑滑板车的时候,尽其所能去体验运动和自由。明白这些角度上的差异,是理解为什么日常冲突不可避免的关键。有的时候,与孩子闹翻实际上是有好处的,但前提是,你事后得花时间积极主动地尝试修复你们的关系,还得弄清楚之前发生了什么。关键就是要帮助孩子"心智化"他们的体验,这将有助于减少未来发生难以管理的行为。记得在引言中我们提到,当人们在"心智化"的时候,就是在试着理解外在行为背后的心理状态,包括自己的和别人的心理状态。因此,孩子不想穿毛衣,父母可以试着理解孩子的想法和感受,理想情况下,父母也需要明确说出自己的想法(比如,"我只是担心,你可能自己都没注意就感冒了,那样的话,你在学校一整天都会不舒服的"）。

这个方法最重要的一步，就是对孩子的行为保持好奇而非责怪的态度。如果这看起来有些怪异，或者与直觉相悖，我们可以保证，本章的观点确实能减少问题行为。这些观点不仅适用于孩子表现糟糕的时候，而且更重要的是，也适用于孩子长远的成长过程。你将看到，在冲突当中，存在有利于孩子成长的重要内容，对他、对你，最重要的是对你们的关系，都大有益处。

## 不良行为、冲突和情感联结

一个孩子行为不当，与父母发生冲突，这非常普遍，极为正常。对于大多数父母来说，可能难以接受冲突引发的感受，可能会让父母觉得自己能力不足，或对孩子感到失望。但重要的是，要提醒自己，孩子行为背后的动机，往往与你所想的大相径庭，毕竟，你们是截然不同的两个人，因此，他的行事方式在你看来不合适，这也十分正常。

让人宽慰的是，不良行为和冲突，并不是家庭关系糟糕的信号。父母与子女之间发生冲突是再正常不过的事情。尽管需求不同，父母仍然必须为孩子的行为设立规矩，纠正他们的不良行为。我们的角色就是为孩子的行为设置界限，让孩子明白我们对他们的期待是什么，明白什么行为是安全的、适当的，等等。另一方面，孩子们不断学会自主自立，努力发展自己的个性，即脱离父母独立行事。你既要考虑孩子的需求，又要引导他按规矩行事，寻求二者平衡是你养育孩子的日常事务之一。你支持和指导孩子,同时又不断尝试去评判他独立行事的程度是否在可接受的范围之内,以便让他符合你的期望,这就极有可能发生冲突。

　　孩子在青春期与你发生冲突的可能性会更大,因此,尽早考虑在家庭中建立某种沟通模式尤为重要。该模式将持续到青春期,所以,尽早创建一个帮助化解误会的环境,将有所助益。大量证据表明,父母和年龄略大的孩子,虽然在关键问题上存在分歧,但双方却还能感受到情感联结,这便是安全依恋关系的标志。如果父母和青少年在接受对方的观点时,还能够陈述自己的观点,那么在他们彼此的关系中,就更有可能感到安全。在这里,重要的不是父母和青少年从来不会发生冲突,而是在冲突中,他们依然可以继续感到有情感联结,或者在冲突之后,能迅速重新构建情感联结。这与本书的关键理念一致,即帮助父母与其孩子(无论年龄如何)在心理上产生联结。

　　毋庸置疑,在冲突期间与孩子保持情感联结的重要性再怎么强调都不为过。人们越来越意识到在养育子女的过程中羞耻感所起的作用和带来的影响。羞耻感,是一种因做错了事而产生的糟糕可怕的感觉,似乎在塑造幼儿的行为使其符合道德和社会规范方面,起着非常重要的作用。因为幼儿在被父母斥责时,他们主要的感受便是羞耻。一旦幼儿感到羞耻,就会变得很安静、眼神闪躲、言行拘谨。你可能还记得某次训斥你的孩子,他们有可能就像这样低垂着头,或者身子缩成一团。在这种不愉快的状态下,孩子会觉得自己与父母间的情感联结受到了威胁。换句话说,他们会觉得自己不被人接受，没人关爱。随后，他们就学会了预测哪些事情会导致同样的羞耻感，并学会按照父母喜欢的方式行事，尤其是当父母奖励其正面行为时，情况更是如此。并且，随着孩子逐渐长大，他们会逐渐学会抑制自己的行为，选择做出一些更为社会所接受的行为。孩子们并不喜欢与父母疏远，事实上他们害怕与父母失去情感联结，因此他们改变自己的行为来适应父母。父母若能认识到孩子的羞耻感，就能帮助自己迅速与孩子重新建立联结，巩固与孩子之间的情感纽带，帮助孩子认识到他是个好孩子，他们的亲子关系并未遭到破坏。

9个月大的杰克在客厅到处爬，他对插座产生了兴趣。他正玩着插头，突然听到妈妈瑞秋大叫："杰克，快停下！马上离开那里！"杰克僵住了，变得非常安静，他看着地板，身体绷紧，没有回应妈妈。他感到了羞耻。妈妈把他抱了起来，搂着他轻轻摇，这样过了几分钟，然后告诉他说，自己非常关心他、爱他。杰克开始心得放松，他们一起走到插座那里，瑞秋给他讲关于插座的常识，告诉他不应该在插座周围玩耍。但从此他也认识到在理解插座为什么很危险，让他的感觉好多了。

如果缺乏对羞耻感的认识，而孩子过多体验到这种情绪，那么，这就会让你们变得疏远，亲子间的情感联结变弱。如果孩子学会了应对和防御羞耻感，就会带来其他负面情绪，比如怨恨和愤怒。孩子还会学会消极的互动循环，虽然会产生更多的羞耻感和怨恨，但还是会带来他们所渴望的关注，以及与父母的某种联结感。因此,对于短暂、轻度的羞耻体验,如果可以及时修复关系,重新与孩子建立联结,那它就是积极的,可以增进你与孩子的关系。而对于长期、中度到重度的羞耻体验,如果你不加修复,与孩子更加疏远,那么,它就是消极的,会削弱你们的亲子关系,实际上还会增加孩子的不当行为。

如果你担心孩子体验到羞耻感,请记住,家庭中发生分歧是常态。如果你完完全全与孩子的经验调谐,而没有让他理解他对别人的影响,那么,孩子将很难了解不同的视角和观点,也无法明白每个人都有自己的需求,而这些需求与他自己的需求不同。而且,正是这些冲突,让你们能够对彼此了解更多,而在你们相处融洽的时候,却未必了解这么多。

重要的是,在冲突期间或冲突过后,要找到办法跟孩子主动积极地互动。这会给亲子关系带来安全感,减少负面行为的循环。父母与孩子冲突是预料之中的事情,而最重要的是,父母与孩子如何协商冲突,维持关系。感到被父母理解的孩子,即使面对冲突和巨大的意见分歧,也信任父母在关系中的付出。他们更有能力自信地向前发展,从一个阶段迈向下一个阶段,学会宽以待人,解决分歧。他们相信父母值得信赖,也相信自己的观点受到了重视。当你能够与孩子一起解决分歧,他就会从中看到并学会如何自己解决冲突,沟通协商,而不诉诸攻击性的行为或激化情绪来解决问题。然后,一旦他能够解决冲突,改变他的行为,父母就要予以关注,并表示称赞,他便知道你喜欢他这样做,也将更多尝试这样做。

我们将帮助你认识到,在这些冲突之中,可能存在着孩子们重要的发展课程,即,帮助他们探究其行为背后的原因。此外,你还可以开始更多地了解孩子的世界,并发现对孩子而言什么才是重要的。同时,你可以思考:让孩子始终按照你的要求去做,控制他们的行为,究竟有多重要呢? 在与年幼孩子的父母工作中,我们知道,父母们很担心,如果不尽早控制小小幼儿的行为,"防患于未然",那么,孩子将会变成失控的"恶魔"。然而,没有任何证据可以证明这一点。我们在此提倡的方法,实际上既可能会帮助你理解孩子的行为,也会让你们俩更好地相互理解——即使你的孩子并不总是表现完美,也能如此。

值得注意的另一个要点是:通过冲突和管理负面情绪,孩子会看到你——他们的父母,可以容忍和管理这些感受。这对于你的孩子来说,是重要的一课,既教会他从另一个人的角度看待事物,又可以让他看到,意见分歧未必意味着失去你的爱,或失去你的温暖或共情。不过,孩子的确必须知道,行为举止得有边界和限制;而且,即使他们打破了这些边界和限制,他们也必须调整自己想做的事,以符合你对他们行为的期待。

星期天,天气很糟糕,大家只能待在家里。卡伦为丈夫汤姆和3个孩子做了午餐,为了让午餐很特别,她花了一些心思。两个大孩子,玛蒂(12岁)和山姆(10岁)坐在餐桌旁开始吃饭,但最小的孩子莫莉(2岁)来到桌子旁,看了一眼饭菜,说:"讨厌,我不喜欢奶酪酱。讨厌!不!我不吃!"她不愿意和大家一起坐在桌旁,而是坐在沙发上生闷气,说她想吃烤面包片,抹点花生酱。卡伦说:"我不会单独给你做饭,我今天事儿已经够多了,莫莉,不要挑食。"听到这些,莫莉把她的玩具娃娃扔向圣诞树,打掉了一些装饰品,接着又扔了个坐垫。卡伦突然爆炸了,大吼道:"我今天一整天都在收拾整理,你居然搞破坏!"姐姐玛蒂对莫莉嘀咕道:"傻屁孩儿,现在没饭吃了吧。"听到这些,莫莉又烦躁又生气。看到玩具娃娃的胳膊摔断了,她大哭起来,冲出房间,摔上房门。卡伦在她身后大喊:"回来,把东西给我捡起来!"莫莉置之不理,走进另一个房间。家人没人理会莫莉,继续吃饭。几分钟后,莫莉回到房间,到她爸爸面前,说:"妈妈吼我,我不喜欢。我不收拾,也不跟妈妈说话。要她道歉。"爸爸说:"是的,大喊大叫不好,但也许你也要道歉,因为你破坏了房间和圣诞树。而且,你看,你把你特别喜欢的玩具也弄坏了,好可惜。"莫莉垂下头,看上去很羞愧,也很沮丧,因为妈妈吼了她,玩具也摔坏了,她觉得妈妈不喜欢她了,而且10岁的姐姐让她觉得自己就像个小婴儿。爸爸让妈妈卡伦过来,要她告诉莫莉,她大喊大叫是不对的,要她对莫莉说自己是爱她的。卡伦冷静了下来,对莫莉说,她也不喜欢大喊大叫,很抱歉让莫莉感到难过,但她本来期待能享用一顿美好的家庭午餐。"我还是很爱你,我对你把玩具弄坏了感到抱歉,你肯定很难过吧?"莫莉还是不开心,但大约10分钟后,她平静了下来,她的身体姿态变了,坐得直直的。她看了看桌上的菜,夹了一些烤土豆吃,妈妈给了她一个拥抱。吃完饭后,卡伦建议莫莉把房间收拾好,她愿意帮忙。那天下午整理完之后,莫莉玩得很开心。

我们希望帮你看到，假如孩子能够对他人感同身受，或者他们意识不到自己的行为对别人的影响，这两种情形都可以成为训练的机会，从中他可以学会理解他人的心理。在身心都感到安全的关系中，冲突可以用积极的方式来解决，而不会导致关系的疏远，从莫莉的例子可以看到这一点。实际上，恰恰相反，冲突甚至可以增进亲密和理解。当然，感到被人误解，对于作为父母的你和你的孩子来说，都是极其难受的，正如我们前面强调的那样，这种被人误解的感觉，是我们所能体验到的最令人厌恶的感觉之一了，这对于成年人和小孩来说，都一样。这种时候，正是冲突为我们提供的机会——将感受到的误解转化为对他人感受更加深刻的理解。

在健康的亲子关系中，总会出现冲突和孩子的不良行为。父母的工作就是，既要回应这些破坏性的行为，又要关心孩子的感受和想法。我们认为，对他的感受做出回应，听取他的想法，并不会破坏你所设定的规矩。从莫莉的例子中可以看到，孩子需要规矩，但是，规矩的设立，既要能维系你与孩子的关系，还要切实帮助孩子从境遇中学习，并支持他更全面地成长。卡伦很清楚，她还是要让莫莉吃饭的，也要让她收拾好自己的烂摊子，但她也承认，被人吼的感觉有多难受，而且她还承认，在那一刻，因为她自己的情绪不好所以失控了。她期待着一家人共进午餐，还花了那么长时间整理房间，结果却是这样，所以她感到很沮丧。现在，她有能力为这些感受命名，也能够承认这种沮丧的感受。你可以看到，通过不良行为和冲突，可以建立情感联结，这有助于孩子的成长；所以，与孩子闹翻，实际上可能对你们的亲子关系极为有益，而管教孩子恰恰可以帮助你增强亲子联结。父母可能会问自己："是纠正他重要呢，还是与他建立联结重要?"我们的方法可以让你在纠正孩子的过程中，与他保持联结。冲突之后，如果你肯花时间，主动积极地尝试修复关系，使用第4章阐述的"父母三步法"，回顾和探索发生过的事情，就能够帮助孩子理解别人的观点和潜在的意图。我们已经通过举例说明了可以采用的方法，但我们还想将其说得更加清楚，同时为你提供一个方法，帮助你将二者(纠正和联结)结合起来。毕竟，要同时兼顾这两方面，你可能会觉得相当棘手。

# "两手抓"的方法

孩子的行为表现好或不好，有多种原因。虽然原因并不总是很清晰，但对孩子的困难行为做出反应，并尝试理解是什么导致了这些行为，定会有所帮助。想想你的两只手：一只手，要忙着应付孩子的行为，而另一只手，则要在第一时间设法弄明白为什么孩子行为不良。此处便是临床心理学家丹尼尔·休斯用到的重要概念："两手抓"的方法。该方法要求在管教孩子时注意两个重要部分：一方面专注于理解行为背后的原因，另一方面应对行为。在休斯这一概念的基础上，我们加入了"父母三步法"的观点，进一步完善了这一方法。

## 何为"两手抓"的方法

首先是"应对行为"——针对孩子的不良行为你做了什么，比如,你让孩子承担其行为后果。

其次是理解行为——帮助你理解导致孩子某种行为的潜在原因和动机。这只手使用了"父母三步法",帮助你弄清孩子为何那样行事,而不只是关注行为本身。

"两手抓"的方法提醒你,处理行为很重要,而理解孩子体验到了什么导致孩子的某种行为,同样重要。在事情发生之时或者在事情过后,这种方法都很有用,这与本书中的大多数观点一致。

查理和他的朋友威廉在外面玩,他的妈妈丽莎和威廉的爸爸在屋子里聊天。突然,威廉哭着跑进来,告诉查理妈妈说查理踢他的腿。丽莎有些尴尬,她确定威廉没有大碍后,她决定花几分钟平复自己的心情,之后再出去看看查理。

丽莎运用"父母三步法"里面的观点来猜想查理的心理,认为他可能会因踢了朋友而感到羞愧,但也有可能在查理看来,他有理由这样做。如果她想用"两手抓"的方法,她知道,她应该让查理承担踢人的后果(一只手应对行为),但她也想了解到底发生了什么,因为查理一般不会这样做(一只手理解行为)。丽莎走到查理身边,试着为谈话定调,帮助他减轻可能会有的羞耻感,她首先抱了一下查理,然后友好地问道:

"查理,刚刚怎么了呀?我想你是喜欢威廉的?刚刚发生了什么不愉快的事吗?"

"我讨厌威廉,妈妈!"

"是吗?你平常很喜欢他呀。他是你的好朋友,对吧?是不是发生了什么事?"

"他说他的蹦床比我的大得多。他说他家的花园更大,他说我的游戏全都是垃圾!"

"哦,那感觉不大好。"

"我不喜欢他。他为什么要这么说?"

"我也不知道,宝贝。人们说这些话有各种各样的原因。我明白你为什么这么生气了。"

查理抬头看着妈妈,有点不安的样子。丽莎继续说:

"我能理解你的心情。有人说令我生气的话,我也不喜欢。但是,生气的时候打人是不对的。我知道你是明白这个的。"

查理不说话,低下了头。

"你知道那样不对,是吗,查理?"

查理默默地点头。

"进屋的时候,你要给威廉道个歉。我也会和爸爸谈谈,和他说说这件事。我们会帮你想想,在你不开心的时候,可以做些别的什么事情;但是被踢到腿是真的很痛很痛的。如果他踢了你,你肯定也不乐意。"

孩子们若体验到"两手抓"的管教方法,会获益良多。查理感到妈妈能理解他,他也明白了,他对这件事的反应是不被接受的。所有孩子都需要行为限制和承担后果,随着孩子的成长,大脑各个方面的发育,他会更容易理解情感,抑制冲动。对于怎样理解一件事,如何应对情绪,他会更有能力做出选择。继而,他的行为将得到改善，良好的行为将会出现得更加频繁。他会对自己的感受以及自己为何那样做更感兴趣，这样一来，良好的行为将会增加。

上床睡觉时，丽莎决定与查理再谈谈之前发生的事情。查理很好奇，威廉为什么会对自己说那些让人伤心的话。丽莎认为，探究原因是个好方法，也是从不同的角度看问题的好机会。讨论了威廉之所以说那些话的几种可能性后，查理找到了他最能接受的说法——威廉实际上是嫉妒他所拥有的东西。查理还认为，他之所以生气，是因为他觉得威廉在批评他的家人。由于踢了威廉，作为惩罚，丽莎决定，查理不能邀请他的朋友奥利一起玩。

这种方法是如何减少行为问题的呢？首先，它鼓励你带着兴趣和好奇来处理冲突中的不良行为和互动。这也就意味着，你将更能以积极的心态来对待你的孩子。只有少一些恼怒和生气，才有助于改变境况。在前面的示例中，在查理踢了朋友后，丽莎很清楚，自己必须小心谨慎地对待查理。实际上，她是真的很关心，也很感兴趣到底发生了什么。她也能够反思查理可能会有什么样的感受，这就为一次有益的沟通创造了一个心理空间。如果在事发之后，在她还感到生气和尴尬的时候，就立即质问查理，要求他给威廉道歉，很可能会火上浇油。

其次，采用"两手抓"方法可以帮助你，确保你不只是让孩子承担其行为带来的后果，还能确保你去思考是孩子的什么内在体验导致了这一行为。通过让他与你一起探讨事情发生的原因，并了

146

解其行为方式是不对的,有助于孩子建立积极的自尊,帮助他处理羞耻感,同时也确保他感到被你理解。同样,在前面的例子中,丽莎很好地与查理共情。她想到自己的某些朋友,他们总是吹牛,她也无法理解他们为什么要吹牛。丽莎向查理说起这个,这让他体会到妈妈是一个理解自己的人。即使他还是会为踢朋友而感到羞愧,但这种被妈妈理解的感觉真的很好。这也与我们在第1章中提到的概念有关,即,当一个人感到被你理解,与你有情感联结时,他才会更容易受到你的影响。在管教孩子设立规矩时,没有什么比这一点更重要了。"两手抓"的方法可以让你的孩子看到,你在努力理解他的想法、感受和观点。在前面的示例中,查理感到被妈妈理解,这让他更容易接受之后的惩罚。

## 权威型养育与专断型养育

当我们与朋友们讨论这本书的时候,他们提出了很多问题,其中一个是:"那我是不是应该始终从孩子的角度看待事情,永远都不告诉他们,他们错了,或者他们很淘气吗?"我们觉得很有趣,因为人们常常将共情和"将心比心",等同于让孩子以自己的方式行事、掌控局面。其实并非如此。我们希望本章能消除这个误解,转而关注我们在"父母三步法"中提出的那些技能,它们具有强大的功效,可以极大地帮助你与孩子建立更好的关系,处理孩子的困难行为,促进亲子互动。我们将通过介绍权威型和专断型育儿风格的区别来探讨这个问题。

我们经常听到父母们说："他不尊重我的权威。"我们自己也会说这类话。在发生冲突时，无论是事态严重，还是小吵小闹，关于谁控制局面、谁的嗓门更大、谁的观点更重要，这些问题都会引起父母和孩子极其强烈的感受。我们在此向你介绍如何使用"两手抓"的方法，在孩子面前保持权威，以便理解他的感受，同时管理他的问题行为。这是一件非常复杂的事情，而且大多数人大多数时候都不会这样做。但是，一旦我们成功地使用了这种方法，你就会注意到，无论是孩子的行为方式，还是彼此之间的关系和感受，都会迅速发生显著的变化。

人们普遍认为，父母有权威是好事，孩子需要权威，也会回应权威。不过，重要的是，要弄清权威与专断之间的区别，以及权威型养育与专断型养育相比，有何优势。

专断型养育中，父母高度控制，运用权力，实行严格的"要么全有，要么全无"的规矩界限，不容许有任何解释。相比之下，权威型养育既不会给予孩子过多的自由（如放纵型养育），也不会对孩子过于严苛，而是在二者间达到平衡。

## 权威型养育的好处

与"权威"这个词的字面意思相反，作为一种父母监护的方法，权威型养育强调共情、亲子沟通和理性地解释规则。权威型养育的风格在于设立规矩，与孩子讲道理，回应孩子的情感需求。采用这种方法可以带来非常不错的效果，可以管理孩子的行为，与他建立和谐的亲子关系。使用权威型养育方法处理你与孩子关系中的冲突和误解,需要很好地平衡"两只手",孩子出现不符合社会规范的行为的可能性会减少,他们的行为举止会更加得体。研究表明,孩子的父母中只要有一位是权威型,就会对孩子的行为产生重大影响。

那么,权威型养育的标准是什么呢?如果你对孩子实施这种养育方式,会是什么样子呢?

## 权威型养育的特点

如果采用权威型养育方式,那么,你将滋养孩子,对他做出回应,还会向他表示尊重,尊重他作为一个理性的人,有着不同于你的想法和感受。你会期望孩子与你合作,期待他达到一定的成熟度,同时为他提供适合其年龄的情感支持。必须强调,与放纵型父母不同,权威型父母不会让孩子逃脱不当行为的惩罚;放纵型父母则并不执行规范和限制,他们往往表示希望成为孩子的朋友,而不是孩子的父母。正如我们在"父母三步法"中强调的那样,重要的是要表现出共情,从孩子的角度看待事情,在处理孩子的行为时,将孩子的内心放在你的心里面去考虑。除了这些要素之外,为使孩子有恰当的行为,你还需要强调和执行行为规则,而且不仅要制定规则,还要给出制定这些规则的理由。采用这种"完整"的方法,可以让孩子看到,你将你心里面的内容清楚地表达了出来,而且,你作为父母,有责任照顾你孩子,也有责任管理他的行为。如果以这种方式养育孩子,你给他传达的信息便是,你希望他对自己的行为负责任。

与孩子相处时，如果你像这样尊重孩子，那么在你们之间产生误解，或者孩子产生不当行为之时，你就会试着向他讲道理，给他解释好坏行为带来的不同后果。而且重要的是，以这种方式对待孩子，无论是其行为还是你们彼此间的关系，都更有可能得到好结果。必须要强调的是，这不是帮孩子解围，让他脱身，饶恕他那些不可接受的行为，而是针对这个行为设立规矩，并尽力向孩子表现出你有兴趣了解他这样做的原因，即，他脑子里在想什么，而且还要让他知道，他的行为给别人带来了怎样的影响，以及以后他可以如何改变这种行为。

采用这种尊重有礼且深思熟虑的方式，也就避免了采用专制的方法所带来的不良后果。比如，让孩子感到羞耻的严厉惩罚，或者收回对他的爱，这样做完全没必要，就算是在你眼中他的表现很差劲，也完全不必如此。通过更具权威性的方法，你可以给孩子空间，让他考虑自己的行为后果，自己想出更好的行事方式。

我们来看看下面的例子，了解一下两种不同的养育方式对孩子的行为管理有何影响。

瑞秋走进客厅，发现7岁的女儿莉莉将玩具娃娃的茶具和厨房给弄碎了，而且还怒气冲冲，把碎片扔得满屋都是，其中一个茶杯还把9个月大的弟弟杰克弄痛了。杰克尖叫起来，莉莉继续破坏她的玩具厨房，把碎片满屋扔，碎片飞到墙上、电视屏幕上，到处都是。

150

# 权威型方法

如果采用权威型的方法来处理这种情况,可能会是这样:

瑞秋走进客厅,表情很严肃,但也好奇房间里这些噪声都是怎么回事。看到这一幕,她首先关注的是杰克,立即前去查看他有没有被伤到,痛不痛。确认了杰克没事,安抚了他之后,便把他放到安全的地方。然后,瑞秋用非常坚定的语气告诉莉莉,立即停止乱扔玩具,否则就不让她和待会过来的朋友艾米玩。之后,她开始着手处理莉莉这边的情况。她问莉莉为什么这么生气。莉莉太生气,太难过了,她说不清楚自己的感受。因此,瑞秋大胆猜测,问莉莉是不是发生了什么事,跟她的玩具厨房和茶具有关,所以她才如此生气。莉莉放声大哭,说杰克要抢走她最爱的茶壶,她花了几个小时才安装好的厨房也被他弄坏了。瑞秋说那肯定是非常非常令人生气的,毕竟她花了这么长时间才拼起来,但是伤人永远都是不对的,所以,她会暂时没收莉莉的新茶具和厨房,而且要她为弄痛杰克而道歉。当她看到莉莉还很生气烦躁,不想道歉时,瑞秋把她抱到自己腿上坐着,为她擦干眼泪,告诉她:她可以理解为什么莉莉这么生气,但她强调,伤人永远是不对的。莉莉的哭声开始慢慢平息,她感到,妈妈知道弟弟搞坏了她的厨房她有多伤心。她发现自己也想知道弟弟受伤了没有,于是她走进弟弟所在的那个房间,看他有没有事儿。出房门之前,她问妈妈:艾米待会还能不能来玩。瑞秋说,只要她和杰克握手言和,并为伤到他而道歉,艾米就可以来玩。妈妈告诉她:她现在不能玩茶具和厨房玩具,必须收起来。莉莉对此很生气，但瑞秋坚持，说她的游戏时间已经结束了。她还说："我会告诉杰克，你正在玩的时候，他不能拿你的玩具，因为这真的很讨人嫌，对吧？"

在这个例子中，我们可以看到，"两手抓"的方法是如何帮助瑞秋保持平衡的——既表现出理解莉莉发脾气的原因，同时又坚持管理她的行为。一方面，她使用"父母三步法"，对莉莉如此生气的原因表示好奇，试着从莉莉的角度来看问题，与她共情，同时又让她看到弟弟有什么感受。另一方面，她也让莉莉为自己的行为承担了后果，让她知道做事要有规矩。

## 专断型方法

用专断型的方法处理上述情景，则可能会像下面这样：

瑞秋听到客厅的吵闹声，她皱着眉头走进去，大吼道："莉莉，你到底在做什么？你伤到你弟弟了！你太淘气了！"她径直走向莉莉，抢走她手上的茶具，猛地扔到地上，大喊着说，要把所有的新玩具统统扔进垃圾桶，因为她太不听话了。瑞秋所有的注意力都集中在莉莉身上，杰克还在哭。莉莉也开始哭得更大声了，她羞愧地垂下了头。"等爸爸回来，我要告诉他你多不听话，你别指望艾米过来玩了。她是不会来了，现在杰克也不会和你做朋友了，你已经伤到他了。"

从第一种权威型方法传达的信息中可以发现，瑞秋对莉莉的行为进行了惩罚（不允许她玩玩具，最初瑞秋所有的关注和共情都在杰克身上）。她为莉莉的行为设定了明确的规矩，告诉她不能扔

152

玩具，也不能伤害弟弟。瑞秋还坚持了边界，除非莉莉能共情弟弟，并且为伤害他而道歉，否则之后就不能和她的朋友玩了。同时，她也向莉莉表明，她也可以从莉莉的角度看问题。虽然伤害弟弟不对，但是可以理解——她花了很长时间拼好玩具，而弟弟捣乱弄坏了玩具，她对弟弟是真的非常生气。瑞秋采取的方法使得冲突很快得到解决，莉莉也平静了下来。她为自己的行为承担了某些后果，而同时也感到自己得到了理解。这里，瑞秋的权威方法关键在于，她表现出了一定的温暖，同时强调了为什么要设定那些规矩，从而教会莉莉一些重要的东西，关于莉莉自己的行为以及自己的行为如何影响他人。此外，她还理解了妈妈那么做背后的原因，因此，虽然这对她来说可能较难接受，但这些规矩还是清楚明白、可以理解的；并且，在下一次她与妈妈之间存在误解，或者她与弟弟之间发生矛盾的时候，还可以进一步采取这些方式。瑞秋给了莉莉一些有益的重要反馈，这些反馈与她的行为，以及她为这些行为所设定的规矩有关，而同时，她仍然与莉莉保持着温暖有爱的关系。瑞秋尽量不让莉莉感到羞耻，既帮助她处理了这些感受，还与她保持了情感联结。

在第二种专断型的方法中，瑞秋当时所有的消极关注都指向了莉莉，从而直接传达出这样的信息：糟糕的行为会引起注意。然后，她指责的不是莉莉的行为，而是莉莉这个人，说她不听话。这使得莉莉感到深深的羞耻和沮丧，她没办法理解或处理她的感受，而是觉得自己被责备和误解了。由于没有人能反思她的怒气并帮她理解情绪，她就一直在挣扎着去理解自己的愤怒，她的伤心情绪不断升级,最终失控大哭。在这种心态下,她完全无法共情弟弟,因为在这种强烈的情绪状态下,她基本上失去了思考他人感受的能力。她既失去了与朋友一起玩的机会,还失去了她的玩具。

采取专断型的方法,往往让你对孩子大发雷霆,或者通过收回爱来惩罚他们。你还可能发现自己为了让孩子服从而去讨好贿赂他。虽然有时候这样做在当时感觉有用,但通常来说,它们都不是改变孩子的行为或建立和谐关系的好办法。因为问题最终没有得到解决,并且有可能会快速升级,未来可能会发生更加激烈的冲突。而这类养育方法,也会让孩子对自己、对与你的关系,以及对父母都感到不安全。

## *反思性养育总结*

### 解开误会

**我们的意思是……**

采取反思性养育的立场,管理孩子的问题行为,也就是利用孩子产生不当行为这一时机,支持他们的情感发展、帮助他们理解自己和他人。在管教孩子时采用"两手抓"的方法,也就是既要对孩子行为背后的内心故事做出回应,也要对他的行为本身做出回应。

**它有助于你……**

以这种方式管教孩子,就更有可能让你理解孩子及其行为。这一不同的关注点,可以让你快速与他建立情感联结,同时对他进行有效的管教。二者结合,可以防止你们的互动陷入负性循环。同时,这也意味着随着时间的推移,孩子的不当行为会减少,积极行为会增多。当你采取反思性、权威性的立场时，你就可以给孩子提供一致性、可预测性和安全的边界，在此边界内，他可以表达自己的感受，回应你所设定的界限。

### 它有助于你的孩子……

孩子行为不良之时，正是支持他情感发展，帮助他理解自己和他人的绝佳机会。花时间理解和尊重他的想法，并积极与他重新建立联结，这将有助于他的情感发展，减少羞耻感，在与你的亲子关系中获得安全感。

### 它有助于亲子关系……

在管教孩子的过程中，在产生分歧时与孩子保持联结，或者在事后迅速重新建立联结以了解发生了什么，这样你就保持了反思性养育的立场，有助于你们的关系。修复你们关系中的裂痕会让你们更加亲密。你会成为更有权威的父母，带来一致性、平静感、相互理解，并且也会让孩子更为清晰地理解你行为背后的动机。

### 请牢记……

1. 健康的人际关系中也存在着冲突和孩子的不当行为，这很正常。

2. 你和孩子有不同的角度很正常，毕竟你们是截然不同的两个人。因此，冲突和不当行为是意料之中的事。

3. 在冲突期间或冲突之后，设法与孩子保持情感联结。

4. 考虑采用"两手抓"来处理困难行为，即一方面回应行为，另一方面理解行为背后的原因（理解内心的故事）。

5. 鼓励孩子说出自己的感受。

6. 尊重孩子的观点，即使他的看法与你不同，也要鼓励他表达。

7. 有权威是一件好事。你应当期待孩子与你合作，但也要给予他情感上的支持。设定你希望他遵守的界限和规则，然后表现出你的温暖和共情。

# 7 帮助敏感的孩子修通误解

# 引 言

上一章我们讨论了理解亲子关系中的误解有何裨益。如果你有这样一个孩子,他/她之前有过特殊经历,或者有发育问题,因此看待人际关系的方式与他人不同,这会令育儿过程颇为艰难。这种情况下,如何消除误解呢? 在这些孩子与父母无法融洽相处时,记住容易让他们敏感的事情,这尤为重要。

我们将重点关注两类孩子。一类是之前曾经遭受过创伤、在福利院接受照顾或被人收养的孩子,另一类是有阿斯伯格综合征的孩子(以下简称"AS孩子")。虽然属于不同类型,但这些孩子有个共同之处:他们"看待"和"对待"人际关系的方式与众不同。基于前面章节构建的理念,我们将运用反思性养育的强化版,向你展示对这两类孩子进行反思性养育多么有用! 必须记住,与其他孩子相比,这两类孩子更难理解人际关系、更不善于处理人际关系。

> 如果从未有人理解过你的内心世界,你认为那会是什么感觉?

## 福利院中的孩子

为什么要重点讨论福利院的孩子? 到2013年3月31日为止,由英国地方政府机构照顾的孩子,人数约达68000名。由于父母养育他们的方式有问题,他们被带离原生家庭,由政府机构抚养。在他们人生的早期发展阶段,鲜少体验到反思性养育。欠缺反思性养育,虽然不是他们被带离原生家庭的主要原因,但却很可能是他们被养育过程中的一个特征。出于各种原因,他们的父母很难重视孩子的需求,难以放在心里认真考虑。比方说,这些父母在对待孩子时可能很难控制情绪,或者总是很难理解孩子的想法;相反,他们对孩子以及孩子的言行举止,持有僵化的负面看法,而这可能会导致惩罚性的养育方式。或者,父母们满脑子都是自己生活中的事情,长期忽视孩子的需求。本质上讲,上述情形的共同之处在于:这些父母很难理解和觉察自己的行为对孩子的影响。

当然,想让父母时刻觉察到自己的行为对孩子的影响,也并不现实。不过,如果父母长期无法觉察,甚至完全漠视这一影响,那么孩子就会每天处于创伤性的生活环境当中。这些经历会对孩子的成长产生重大影响,即使以后生活环境发生了变化,也会持续影响他们的言行举止。本章正是写给这类孩子的父母,包括这些孩子的法定养父母、收养孩子的养父母、特殊监护人,以及承担起较多照顾责任的祖辈们。

关于养父母如何帮助他们的孩子,已有大量极为有益的研究。实际上,本章也正要谈及这个话题。而本书所探讨的反思性养育观,还与那些负责照顾曾被不当对待的孩子的人们息息相关。关于养父母如何帮助孩子克服早年创伤经历,已有很多研究探索出了相关方法。有趣的是,研究发现,孩子对领养或收养家庭的适应程度,取决于养母对其想法、感受和观点的敏感程度。换句话说,养母的反思能力越强,孩子从早先成长经历中恢复得就越好。

需要提醒注意的是,对于难以克服早年创伤的孩子来说,专业人员的帮助十分必要,我们明确建议让心理健康专业人员对孩子进行评估。

## 是什么让这些孩子的生活雪上加霜?

多数情况下,那些进入看护系统的孩子,曾长时间被其父母忽视或误解,这些父母从未留心过或思考过孩子的内心是怎么回事,也未能觉察他们自己的情绪,以及自己给孩子带来什么影响。如果孩子曾经的亲子关系问题比较多,那么新的看护人与孩子之间可能就会误解丛生。基于此,本章专门考虑这类孩子的养育问题。

*苏西1岁时耳部感染,疼痛难忍,夜间尤其严重。她常常哭闹。*

妈妈嫌她吵闹烦人，受不了晚上被吵醒。她认为苏西是故意吵闹，惹她生气，是在针对她。在苏西需要安慰和照顾之时，她从妈妈那里得到的却是怒气和负面信息。

这样的消极负面的互动，可能会涉及直接的伤害和不当的对待，如忽视、虐待和遗弃。有些孩子在家里还目睹了创伤性的可怕场景。而这些痛苦经历正是源自他们的父母，通常来说，发生在孩子本应依靠他们克服困难的时期。理想情况下，父母应帮助孩子，让他们感到安全和被涵容理解，而孩子们则可以专注于发展对自己感受的觉察力。在安全的亲子关系中，他们还可以学习如何与他人建立关系、交流沟通。然而，在不当的亲子关系中，父母是一个令人困惑的混合体——既带来安全感，也带来恐惧感，身处这样的环境当中，孩子无法培养出建立健康人际关系的必备技能。比如，像苏西这样的孩子，在其发育的脆弱时期，就可能陷入了高度情绪唤起的状态之中，处在令她痛苦的环境之下。还记得情绪温度计吗？这就好比苏西母亲的温度计卡在了温度极高的地方，而苏西也是这样。如果孩子生活在这种环境下，那么，他们大脑的发育方式和大脑内部结构的形成方式，与其他孩子就有很大的差异。孩子眶额皮质（大脑前部的一个区域）的发育，受亲子互动的影响，这一区域对于孩子未来的情绪管理能力、评估他人情绪状态的能力，以及管理压力的能力，都至关重要。这些创伤性的家庭情境表明，亲子关系对于孩子的情感能力、心理能力和神经生物方面的发展，起到何等关键的作用！

160

## 困难和创伤性的早年经历，如何影响孩子的后期发展？

养父母们往往会发现，孩子的行为令人困惑，难以应对，还变化莫测。如果你也是这类父母，或者你认识某个孤儿院的孩子，那么，你要理解并认识到，孩子的某些行为方式受到了他早期经历的影响。

### 压力及孩子体验情绪的方式

长期压力会对某些大脑结构产生影响，而这部分脑区与压力情形下理性思考能力、抉择能力有关。因此，如果年幼的孩子由于不敏感和创伤性的养育，长期处在压力之下，其心智得以发展的时期就发生在他感到不安全、一门心思想着如何存活下来的时期。即使他的身体在休息，他的压力激素也处在较高水平。就好像创伤带来的压力令大脑"重新布线"一样，他的大脑处在持续高度警觉之中，随时准备进攻、退缩或僵住，以保护自己免受当下危险的侵袭。此处重点是，即便他去到一个有爱心、对他很关注的家庭生活，他的大脑将依然以同样的方式运作，同样容易紧张、情绪激动，容易一触即发，需要很长时间才能平复。

苏西4岁时搬到了领养家庭里。每当有客到访，苏西就会变得爱捣乱、多动，养父母对此很是不解。苏西会大哭大闹，似乎总想引起养母的注意。好在事发当时，养父母并未立即处理她的行为，而是后退一步思考。他们发现，每当环境变化，苏西就会变得很紧张，那时她就会生气、搞破坏。于是他们决定减少客人到访的次数，直到苏西安心稳定下来，在他们看到苏西在其他方面有了进步之后，再增加客人到访的次数。

　　如果你是养父母，读到这里，你可能会为孩子进步不明显感到困惑和沮丧。孩子似乎安稳了一个月，但下个月又倒退了回去。不过，如果你能用平常心看待孩子阴晴不定的行为，就会有助于应对孩子的这些问题行为，即便事情进展不顺，你也不会灰心丧气。类似转学、放假、过生日、同伴交往困难、青春期、开始一段有意义的关系、家庭关系不和谐、搬家等诸如此类的压力性事件，都会让孩子的问题再起一波。这些转换期对被领(收)养的孩子来说尤为艰难，因为他们难以应对不稳定和不确定的情境。坚持面对并克服压力情境是很有挑战性的事情，孩子们需要外界的帮助才能认识到，他之所以有这些不良行为，是因为压力正在侵袭自己。有的时候，压力的触发因素可能很不明显，甚至非常微妙，可能是触摸到了什么，闻到了什么，抑或是触发了某种与过去创伤经历相关的感受。

　　在第1章中，我们讨论过婴幼儿如何通过依赖身边的成年人来处理自己的感觉。如果婴儿感到难受，他会通过看父母的脸，来明白自己的感受是什么。这就好比有人举起一面"镜子"，里面映射出婴儿内心状态的图像，图像表达出"你很难受"。这样一来，感受就变得易于理解，而且还与发生的事件联系起来。但是，如果父母没兴趣举起"镜子"，情况又会如何呢？研究表明，过去有过被忽视经历的孩子，要区分别人脸上表情里的不同情绪较为困难，这意味着，他们难以理解别人的情绪，也很难与人建立有意义的关系。

162

如果父母举起了"镜子",但镜子却是扭曲的,映射回去的不是孩子的感受,而是别的感觉——愤怒或敌意的表情图像,那又会如何呢? 孩子怎样来理解自己的感受,对自己的感受能理解多少呢? 他又如何从中发展出管理情绪的能力呢? 想象一下,当婴儿感到难过的时候,他看到的,不是"难过"这种感觉从父母脸上映射回来,而是"攻击性"。也就是说,孩子从父母脸上看到的,会令他害怕。如果孩子体验到这一点,他就会情绪高度唤起,感到痛苦,有可能转移视线不看父母,或者,看着父母,却僵住了,或者看向父母,却像他们根本就不存在一样。一旦孩子目睹父母不健康的情感表达方式,他就很难信赖自己的感觉,他们的感觉甚至会变得更加难以理解,而这又会使得情绪令人恐惧,甚至完全被情绪支配。由此便产生连锁反应,即孩子以后一旦遇到难以承受的事情,就会觉得自己没有能力管理好情绪,或者,觉得自己缺乏能力来理解情绪。幼小的孩子用语言谈论其内在情绪状态的能力,和他们与看护者之间的关系密切关联。语言发育迟滞现象在被收(领)养的学龄前儿童中极为常见。

前面我们探讨过,理解情绪这一能力,能够让我们更好地控制自己的行为。那么,如果孩子很难理解情绪,在他遭受压力,情绪紧张之时,就很难管理好自己的行为。由于缺乏帮助和引导,他理解自己心理的能力、将自己的想法和感受联系起来的能力,以及对"自己是谁"的好奇心,都未能发展起来。

你和孩子如何一起来理解误解呢? 孩子常常不断惹事,却不愿反思。他可能对自己没有多少好奇心,他对于自己为何要做某事、给别人造成了什么影响，以及情绪如何促进人际关系等问题，他可能都不太想知道。

## 敏感的孩子如何看待关系和处理关系？

在一个必须时刻保持戒备和警惕的环境中长大，会是什么样的？这多少有点像在水浅的泳池里游泳与在鲨鱼出没的水域里游泳之间的区别。在不同的地方游泳，如果看到水下有个黑影，可能会产生截然不同的反应：在鲨鱼出没的水里，即使看不到水底，你可能也会认定这个黑影就是鲨鱼，对你有威胁。你的大脑会自动滑入"战斗-逃跑-僵住"的反应模式，这是人在感知威胁后产生的一种生理反应，在此过程中，身体会释放一种叫作肾上腺素的神经递质以及其他激素的混合物，这些物质共同作用，可以使能量激增。长期处于创伤环境中的孩子也是如此。他们对威胁和危险变得高度警觉，只不过此时威胁来自其父母。

这种对感知到的威胁产生过激反应，对你的孩子来说，在他的过去生活中，是一种适应性强且行之有效的生存能力。现在，他将其带到了你的家里。就如同你看不到水面以下的真实危险是什么一样，你的孩子也看不透你的行为，看不出你的意图是什么（比如你要求他不要做某些事时）。之前有人伤害过、惩罚过你的孩子，所以，正如你不会对水下黑影是什么有疑问，他也不会对你的动机是什么产生疑惑好奇，他会确定你的动机肯定都是不好的。有的时候，受之前的家庭情况影响，孩子对你可能抱有成见。无论你多么友善、多么爱他，情况都是如此，因为过去的创伤经历影响实在太大,已经成为他心目中成年人会如何对待他的"脚本"。

比尔今年8岁,住在寄养家庭里。父母对他说:"不行,不戴头盔,你就不能骑滑板出去。"比尔立刻回怼:"我恨你们,你们不能强迫我!我恨你们,你们太坏了!"比尔认为养父母很可怕,认为他们不喜欢自己。他怒气冲冲地跑上楼去了。

我们之前讨论过孩子对父母的感受有多敏感。父母哪怕只表现出一丁点儿负面情绪,孩子都会反应过敏。研究表明,父母面部表情所表达的情绪,在受过与没受过身体虐待的孩子眼里,是不一样的。事实上,受过身体虐待的孩子,会放大父母面部的愤怒和攻击信号,他们所看到的危险和威胁有点言过其实了。这对孩子来说意味着什么呢?

这说明一个道理,即父母要更加注意自己的言行举止。某个表情,对某个孩子来说,可能代表着"烦躁",换作早年受过创伤的

孩子,则更可能会被体验为"愤怒",从而导致他们一下子就转到"战斗或逃跑"的反应模式中去。

如果孩子一直被其主要看护人虐待或忽视,或者说,看护人没有能力或者不愿意保护孩子免受持续发生的虐待和忽视,那么孩子信任其他成年人的能力也就会大打折扣。孩子从生活中学到的是恐惧和依靠自己,而不是安全感和信任(他人)。这也让消除亲子间的误解难上加难,因为你让他凡事要考虑周全,但他可能并不相信你这么做真是为他好。孩子对成年人极度不信任,所以连带着对你的养育方式也产生了扭曲的感受。

### 这些孩子如何看待自己?

在第4章中,我们探讨过,轻微的羞耻感有助于幼儿学习规矩——哪些做法可以接受,哪些不被接受。幼儿若体验到羞耻感,会促使他们不去做某些行为,因为他们能预期,这些行为会让父母不高兴。父母责备孩子之后,如果能迅速与孩子重新建立情感联结,让他们仍能感受到被爱和被重视,就会减少羞耻感对孩子产生的负面影响。例如,一个孩子因为比小伙伴先抢布丁而遭到训斥。父母斥责他:"让朋友先选才礼貌。"不过,这位家长并不希望这种羞耻感过多影响孩子,所以接下来他坐在茶桌前,给了孩子一个安慰的拥抱。可是,有些孩子并没有得到这样的机会与父母重建联结,相反,他们可能长期处于羞愧当中。此外,孩子们还会把生活中发生的不好的事情都归咎于自己,并认为父母的做法直接证明了这一点,比如父母说"只要你别哭,啥都行!",或者说"你要是个好孩子,爸爸怎么会让你回自己房间待着呢?"这会给孩子什么感觉？你如何理解这些经历？不幸的是，孩子会内化这些羞耻的体验，进而影响他们的心理发展。请记住，总的来说，羞耻感是一种泛泛的"我不好"的感觉。孩子可能会得出这样的结论：我不招人爱、无能、无助、只配被人拒绝。

孩子还会把这种负面的自我感知带到新家。因而，责备、管教或告诫，都会让孩子产生羞耻感。不过孩子们会尽其所能避免这种感觉，他们会通过表现强硬、生气、撒谎、抵赖、指责他人，或拒绝谈论发生的事情等方式来达到目的。不过，这也让理解误解变得非常困难，因为对孩子来说，研究探讨某个情境和他的行为，感觉有点像让他承认自己真的就是一个多么糟糕的人一样。

### 如何帮助你敏感的孩子？

心智被过去经历影响如此之大的孩子，你要如何养育？会遇到什么困难？这些困难要持续多久？幸运的是，孩子不会被其过去的创伤所局限，他们的优点和韧性会帮助他们成长。许多孩子都能够康复，成年后过上良好的生活。而且，你的呵护和反思性养育，能为孩子创造机会，帮助他们朝向满意而充实的生活迈进。你能够为孩子提供一个滋养的环境，助其成长和康复。可以做下面这些具体的事情来帮助他们：

以下几个观点在本书的其他部分多有论及，不过此处有所改动，在各方面都做了强化。具体如下：

1. 时刻牢记你、孩子和家庭的情绪温度计

2. 创建一个无羞耻感的环境

3. 使用强化版的"父母三步法"

4. 营造一个充满好奇心的氛围

5. 称赞有韧性的行为

### 时刻牢记你、孩子和家庭的情绪温度计

在第2章和第3章，我们讨论了觉察自己感受的重要性。对于正从创伤经历中逐渐康复的孩子来说，这一点非常重要，因为他们的情绪温度计很敏感，设置在警戒状态，他们时时刻刻都在观察你，总是担心不好的事情发生。在某些情境下，这可能根本不明显，但是在某些时候，孩子突然发脾气，或者拒绝听从指令，其重要性就显现出来了。所以注意自己的言行举止至关重要，因为一旦孩子情绪高度唤起，这些情绪就有可能将他淹没，他就可能会转到"战斗-逃跑-僵住"的反应模式中去。

另外，第3章还提供了一些方法，教你如何降低情绪温度计，包括：

· 提醒自己不要因为孩子的问题而责备自己。

· 与有类似境遇的父母建立联系，可以通过收养网站或领养支持团体。这样，你就不仅能了解到别人的难处，还能分享他们经历中的喜悦和快乐。

· 现实一点——改变不会在一夜之间发生，也不会在一周或一个月内发生。

· 重新定义你的角色。有时我们鼓励养父母们将自己视为协同治疗师，不只是提供一个充满爱的家，还要帮助孩子康复并能够建

立充满信任的、健康的人际关系。

除了记住自己的情绪温度计，还要记住孩子的情绪温度计。孩子若情绪强烈，或者产生"逃跑或战斗"的反应，会让他对你成见更深，甚至歪曲对你的看法。事后坐在沙滩上，你可能会恍然大悟，水里的黑影很可能是石头或海草。不过，游泳时自己很难这样去想。如果孩子还在生你的气，对你不满，这时想让他换个角度看事情就不大可能，所以，这就不是一个让他反思的好时机。相反，给予空间，运用幽默搞怪一下，或分散注意力都可能更有效。或者在极端情况下，如果孩子正在房间里砸东西，父母只是坐于门外，实际上可能更有帮助。认真挑选时机，并且接受这就是处理你们之间关系的方式。至关重要的是，时刻记住这样的孩子很敏感，而他们的敏感会影响他们的一切感受和行为。

这里所说的"家庭温度计"指什么呢？广义上说，主要指家庭的节律。即：家里人声音有多大，事情发生的可预见性有多强？有人会从楼上向下面喊叫吗？有朋友不打招呼就登门吗？有固定的日程安排吗？问问自己类似这样的问题："你的家庭是如何运转的？这些事情会对孩子产生什么影响？"这些问题真的有助于你考虑什么是最适合孩子的环境。你可能会发现，家里面安安静静的时候，孩子实际上更难应对，会让他感到更加焦虑，更有压力。这种情况下，必须考虑如何帮助他度过这些时期。同样，如果你时刻牢记孩子是很敏感的，你就容易明白，刚开始时，一定是需要环境来迁就他，而不是让他适应环境。

如果能时刻牢记"家里的情绪温度需要调低"这一理念，那么，在日常养育婴幼儿的过程中，你就能采用最有效的办法。如本书第5章所述，可预测性、结构性、权威型的养育方式，以及以实事求是的方式对待他们的行为，是幼儿需要的养育方式，可以帮助他们健康成长，这也正是帮助敏感的孩子体验到安全感所必需的育儿方式。

### 创造一个无羞耻感的环境

任何人都不想体验羞耻感。不过，如果你对自己的感觉总体而言是积极正向的，并且在生活中你感到被人接纳，受人重视，那么你将更有能力承受并克服羞耻感。然而，经历过生活创伤的孩子极易产生羞耻感，而他们没有积极的自我概念可以依靠，所以他们会不惜一切代价避免感到羞耻。他们的负面行为会加剧，父母又因此更加受挫、失望，而这转而又会对孩子产生更大的影响，于是，消极互动的恶性循环便开始了。

考虑到孩子的困难和敏感，表7.1列出了你在育儿实践中可选用的方法，以及需避免的做法。

表7.1 需避免和可选用的育儿方法

| 需避免的做法 | 可选用的方式 |
| --- | --- |
| 对孩子的行为表示失望，"我对你太失望了。你知道我不喜欢你这样做！" | 共情孩子了，并支持他："我想，这对你来说太难了。我们会一起渡过难关的，我想，我可以帮你！" |
| 责备并诘问孩子："你为什么要这么做？" | 温柔地询问孩子："这对你来说似乎很难，我想知道，发生了什么呢？" |
| 给予惩罚性的回应，比如让他面壁思过一段时间，不理睬他。 | 给予支持性的回应，比如多陪陪他，叫他坐在你身边，让他表达他的感受，等待他冷静下来。这时候，你要确认他的感受，和他保持情感联结。 |
| 使用不合逻辑的惩罚，"因为你没有按时睡觉，所以明天不能去公园。" | 使用自然发生的后果，或者符合逻辑的惩罚，"嗯，你晚上有点难以安静，我想，这意味着你需要帮助来平静心情。我们试着减少睡前游戏时间，好让你放松休息一下。" |

| 需避免的做法 | 可选用的方法 |
|---|---|
| 向孩子表明,你为了改变他的所作所为,付出了多少心血。 | 向孩子表明:你关心他的所作所为,是为了他好。 |
| 坚持在孩子情绪激动时讨论某事,还(或者)要他长时间直视你的眼睛。 | 与孩子谈事情讲究方法。冲突发生后,等待风平浪静时,再切入这个尚未解决的问题。比如在你们要开(坐)车外出的时候,等孩子望向车窗外,再来谈;或者,睡前你们一起看书时再来谈。 |
| 误解发生后,让孩子自己去琢磨明白。 | 误解发生后,要尽快和孩子重新建立联结,间隔时间越短,隔阂越容易消除。 |
| 没提前考虑到孩子可能无法接受某一场景。如在安静的餐厅里享用一顿美餐,你可能觉得完美,但孩子可能会倍感压力。 | 为他提供支持,助其成功,加强监督,增加其成功机会。 |

我们在第6章中探讨的"两手抓"的方法,对本章提及的孩子来说十分重要。"两手抓",即一方面应对行为,另一方面努力理解其行为。美国临床心理学家丹尼尔·休斯曾写过多本育儿书籍,他提出"两手抓"这个概念,是为了帮助那些难以从自己的行为中学习的孩子,这些孩子需要支持和理解,需要体验到父母正努力尝试理解他们。不过,这些孩子也需要边界,需要习惯父母的照顾。如果孩子知道你理解他做事的缘由,他会更容易接受后果(即你对他的惩罚和管理),而且,这样也可以避免让他感到羞耻。

### 使用强化版的"父母三步法"

针对这类孩子,可对"父母三步法"进行调整,主要是要夸张地强调"换位思考",因为这一步特别重要。你要切实从孩子的角度看事情,记住,他怎么看世界,往往受到创伤性经历的影响。如果你的孩子早年有过创伤,他肯定会认为,你也是一个冷漠无情、不值得信赖的人,你肯定会因此而难受,但请记住,你的孩子要克服他的不信任感,一定比你还难。孩子需要你与他共情,了解在他眼里,生活有多艰难,有多不公平。

我们曾拜访了15岁的男孩比利和简(他的养母),一起制作了不同颜色的镜片,放在比利的眼镜上。当时我们提出这一想法,主要是想强调,我们是如何从不同角度看待事物,又是如何过滤掉了同一场景中的不同部分,却未觉察。镜片的颜色代表了我们的早期经历。比利给自己做了一副红色镜片,他发现,红色镜片戴久了,就渐渐意识不到世界是红色的,因为已经习惯了。比利选择红色,因为他觉得红色反映了他记忆中家的危险,也反映了他对人们的看法,他经常认为人们都有敌意,想要虐待他。这个活动让简与比利增加了语言交流,比如,简会问比利,今天是否戴了红色眼镜,或者问比利是否能看出,她不让他太晚出去是关心他的学习,而不是她有坏心眼想故意为难他。

在这个例子中,简接受了孩子本来的样子。孩子难养是因为曾经遭受过不当对待。但她知道,如果不加注意,自己与孩子的互动只会让问题更加严重。不过,只要找到不同的方式来跟孩子交流,她就能够将自己的所作所为与孩子的过去区分开,从而帮助他更多地从内心来理解她的外在行为——理解她内心的真实意图是什么。

你的孩子需要发展出自己的理解:为什么自己一直以某种方式行事,使得生活那么艰难。不过,如果你想帮他理解这一点,就一定要对他的角度真正感兴趣。关于自己为何这样,他实际上很可能毫无头绪,所以理解他的行为是一个循序渐进的过程,也是你必须为他着手去做的事情。养育一个早年成长不顺的孩子,不能一味给他惩罚,必须尽力去理解他的内心发生过什么。

最近,我们访问了"儿童之家"。这个大家庭完全从孩子的角度出发,总是鼓励工作人员从孩子的角度看事情,包括谁轮班、谁叫醒孩子,事无巨细,都考虑周到。他们认为,最好能让孩子提前知道接下来的安排,而不是让他们感到生活很不确定,对接下来要发生什么也无法预知。他们还会鼓励工作人员思考:"如果孩子在卧室门外听到一个不熟悉的声音,他会是什么感觉? 这种体验会如何影响他的一天?"

### 营造一个充满好奇心的氛围

"父母三步法"鼓励家长关注孩子,对孩子保持好奇。有些孩子从未有过父母对自己不断发展变化的心智感兴趣的体验,抑或是,其父母常常误读他们的心理,这种情况下,"父母三步法"中的这一步(关注且好奇孩子的内心)就会比较困难。不过,学会反思自己和他人,并且不会感觉到危险或混乱,对孩子的长远发展至关重要。

一定要尽力鼓励你的孩子对你感到好奇,而且要以一种积极正面的方式来鼓励他。你可以帮他更清楚地看到你的意图。比如,你去学校给他送午餐,偶尔可以说一句:"我给你送午餐是因为关心你哦!"

还要尽力鼓励孩子探索他自己的心理,探索自己为何那么做、那么想。不过,要注意,这可能会给孩子带来强烈的羞耻感,所以需要选好时机,态度要真诚。这种探索既可以围绕积极的感受,也可以围绕消极的情绪,比方说:"嘿,你怎么把那个玩具给了弗雷德呢？你是想和他一起玩吗？"

### 称赞有韧性的行为

孩子在生活中遭遇过艰难困苦，会因此而发展出长处和韧性。有时候或许并不明显，但与过去他们不得不应对的困难相比，他们现在表现出来的问题显然微不足道。他们已经克服了那些困难。

认识到孩子的品质真的很重要。你喜欢他哪一点？他有什么长处？想一想，你觉得他有什么优良品质(比如"善良")？每次看到他的良好行为，都记下来，并对此做出积极正面的评论。例如，"哇，你愿意把玩具给约翰尼玩，真善良！"他对自己和世界的看法影响了他的日常体验，所以如果你能指出他的良好品质，他也就能够开始多加留意。明确说出孩子的好品质和过人之处，这一点需要特地去做才行。即便我们是治疗师，也会经常忘记这样做，但这一点极其有用。第8章会对此进行更多探讨。

你需要持续不断地帮助孩子建立更为积极的自我概念，让他对自己的长处和能力更自信。他擅长什么？他有什么技能，如何积极推进这些技能？想一想怎么表扬孩子。要仔细地运用表扬，久而久之，他就会对此做出反应。所以，如果你不给常指出，孩子即使有积极正面的行为，他自己可能也很难注意到。关于他自己，你想让他听到并开始相信哪些不同以往的话呢？这些话如何才能有效地表达给他？赞美只有落到特定的事情上，才真正有用，而不是笼统地夸他"你是个好孩子"。何不表扬一下他的技能(比如会解决问题，会沟通)？如果你想给他一个惊喜，何不写个特别的小纸条，放在他的枕头下面，让他无意中发现，上面写道："我觉得，昨天你处理跟你老爸的关系，做得很棒！你真的在努力从他的角度来看事情。"对于略小一点的孩子，一句"我爱你"效果就会很不错。

最后，学会为自己的韧性点赞，这一点也很重要。试着定期回顾你的进步，哪怕只取得了些微小的成就，仅实现了很小的目标，也值得庆贺。这不仅有利于提升你的自尊，还能让你在碰到下一个育儿难题时变得愈加坚忍。学会把成功归因于自己的能力或育儿特质。你可以这样想："我正在改变他的生活，我有能力成为优秀的父母。"把成功归因于你自己实实在在做的事（哪怕很细小），选择将其视为你的能力或潜力的表现，这也是世界上的成功人士的做法。

## 患有阿斯伯格综合征的孩子

第二类孩子是那些患自闭症谱系障碍的孩子，他们极难理解他人的心理，而他们自己的内心，也很难被其父母所理解。

自闭症是一种谱系障碍，既包括那些在语言、认知上出现严重迟滞和行为问题的孩子，也包括那些没有语言迟滞且同时具有高功能的孩子，这些孩子通常在某些重要方面存在明显问题，他们社交困难，兴趣受限，表现出重复的行为。这里，我们将重点关注那些处于自闭谱系高功能那一端的孩子，我们称他们为阿斯伯格综合征孩子。大家知道，阿斯伯格综合征（AS），或者阿斯伯格障碍这一诊断，已经从2013年版的《精神疾病诊断与统计手册（第五版）》（DSM-5）中删除了，该手册是临床医生公认的教科书，取而代之的是根据其严重程度等级而做的自闭症谱系障碍（ASD）诊断。然而，人们仍广泛使用"阿斯伯格综合征"这一术语，因为大家发现，这个说法比"轻度ASD"更有用，或许是因为它能将有语言迟滞和无语言迟滞的孩子区分开来。AS孩子在社交互动、非言语交流方面有明显困难，还伴有兴趣爱好受限、行为模式刻板重复等特征。与其他自闭症谱系障碍的孩子不同，他们没有语言或智力（认知）迟滞。虽然下面这些情况不在诊断条目之列，但有AS的孩子往往表现出动作笨拙不协调、非正常发音等现象。许多来我们临床中心问诊的父母告诉我们，他们的孩子说话方式非常"古怪""怪异"，这让他们看上去跟同龄人不一样。

## AS孩子很难理解他人

人们认为，AS孩子因缺乏换位思考能力，所以有社交互动困难，这也让他们的互动方式与同龄人不同，他们可能显得我行我素，令其同伴感觉难以相处。事实上，他们行事刻板不灵活，更多是因为，对于要如何像别人一样行事，他们感到很困惑。在我们看来，接下来要讨论的是，这些孩子怎样才能具有换位思考能力，如何接受共情和给予共情。事实上，我们知道，一些专业人士对这一观点持不同意见，我们也知道，有AS的人，难以如其他人一样去理解人们行为背后的意义和意图，这一事实也不容忽略。研究证据表明，有AS的人大脑中确实具有理解行为意义的神经网络，只不过活跃程度略低。自闭症领域的神经科学家们正在研究自闭症谱系障碍孩子和成人是否真的能够提升换位思考的能力。相关研究包括,给孩子使用催产素鼻腔喷雾剂(这种喷雾剂可释放天然激素"催产素",这是一种能影响社交能力的关键激素),或让他们参加社交技能训练项目,或者使用二者进行联合治疗。这些最新研究发现,有AS的人,其大脑可能并不像人们所想的那样刻板。有的研究还表明,催产素治疗结合密集互动治疗,可大幅提升自闭症谱系孩子的换位思考能力。这里的密集互动治疗,是指孩子与一位有能力回应他的父母进行的互动治疗,涉及运用和理解眼神交流和面部表情、交流时行为轮换、培养并练习将语言表达。不过,干预之后,这种效果无法长时间持续,所以大脑只是学会了一种暂时性的新技能,实质上并没有发生永久性改变。

关于AS孩子心智的灵活度这一话题,有各种不同的观点,也展开了持续不断的研究。在临床中心,我们与这些儿童、青少年开展工作,对此进行了有趣的观察,并且做了相关干预效果的研究,得出的结论是,反思性养育这一方法十分重要、令人振奋,它能够有效提高这些孩子心理的灵活性。

让我们想一想AS孩子们的体验,试着走进他们的世界。

## 感官敏感性

其实,除了很难做到换位思考以外,感官敏感性可能也是AS孩子的主要议题。也就是说,他们对所处环境的体验与常人不同,他们的感觉、味觉、听觉和视觉比一般人更敏锐。我们来看看一位10岁AS男孩雅各布和他妈妈劳拉的故事。

*雅各布情绪激烈,他不想穿妈妈要他穿的那条裤子去参加家庭*

旅行。他越来越伤心,越来越生气,最后大哭起来,夺门而出,躲在楼上的衣柜里。劳拉最终同意儿子穿睡裤参加家庭旅行,因为他当时只接受睡裤,一心认定只有穿睡裤才舒服。劳拉寻思着,可能有人会盯着儿子看,但大多数人压根儿不会注意到他穿的是睡裤。这样至少儿子愿意和家人一起旅行。逛了大概一小时后,劳拉看到儿子开心地和哥哥吃饭聊天,于是走近他,试探性地问道:"你还好吧?"雅各布回答:"我很好,对不起,妈妈,你知道吗? 你可能觉得穿上那些裤子只是有点痒,但对我来说,简直就像进了白蚁窝。"

关于这一场景,有几个重要的地方带给我们启示。起初,雅各布只是通过他的行为来表达他的痛苦,他只会说,讨厌妈妈塞给他的裤子,他无法表达出真正的问题是什么。值得注意的是,一旦冷静下来(回想一下我们关于"趁温打铁"的建议),他就能明确地表达出,他所体验到的完全是他个人的感受,而他的感受可能跟妈妈理解的大相径庭——"对我来说"就是重要的字眼。一旦冷静下

来,他就能够让妈妈明白,也许妈妈感觉只是有点痒、不舒服的东西,对他来说,感觉就像在白蚁窝里被咬一样难受。这种描述更容易让妈妈对他产生共鸣,体会他的内在感觉,这比他吼叫说"我就是不想"或类似唱反调的方式要好得多——而孩子在情绪正激烈时经常这样大声吼叫。

## 运用强化版的"父母三步法"来处理激烈的情绪

另外尤其需要注意的是,有AS的人表达情感的方式似乎很极端。AS孩子的家长常说,孩子不是轻微的烦躁,而是暴怒,因为闪烁的灯光于他们而言,就像滚烫的针头扎进了眼睛。重要的是,千万不要低估孩子的不适感,相反,要提醒自己,他们的体验一点也不夸张,而是比我们想象的强烈很多。面对孩子,你试着想想,"对我来说只是有点痒,对他来说却是难以忍受的白蚁窝",那么你就真正做到了将心比心。对待AS孩子以及寄(领)养的孩子,要使用强化版的"父母三步法",这意味着你要比通常情况更注重换位思考。这可能要花更多功夫,但请记住,孩子的体验,无论是感觉、情绪还是行为方面,都是重中之重,因此,从孩子的角度看问题就变得更加重要,这不仅是为了帮助他们,也是为了降低你自己情绪反应的热度。

这样的例子很多,作为父母,你可能非常熟悉这样的场景,比如你注意到,你或者家里别的孩子只是觉得有点恼火,而你那有AS的孩子却觉得怒不可遏,简直像火山爆发一般。再次强调,这些感觉是真实的,而且也如AS孩子描述的那般强烈。在雅各布和妈妈的例子中,要注意到,当雅各布能更好地控制自己情绪的时候,他就能够看到自己对妈妈的情绪造成的影响,并能深刻理解这一点,还能向妈妈说"对不起"。很多家长在临床治疗会谈中都提到,孩子爆发脾气后似乎会表达后悔之意,但他们从来都没法确定孩子是不是真的后悔。我们鼓励父母对此不要怀疑,相反,你还要试着运用这一点,以此为契机,与孩子进行将心比心的谈话。你可以告诉孩子,他们能注意到自己的行为对你产生了不愉快的影响,这一点非常棒,而且还要告诉他们,他们想要努力让你舒心一点,对此你很感激。用不着长篇大论,简单点明即可。再次牢记,你正在使用强化版的"父母三步法",那么,在这些关键点上,要额外强调共情,因为这也有助于将当时情境中的情绪温度降下来,也让孩子更有可能对自己的行为略为反思。同样重要的是,如果你认为自己错误理解了孩子的真实想法和感受,或者他以某种特别的方式行事,而你误解了他,那么你需要告诉他是你误解了。这有助于向孩子展示你的内心,而且也有助于向孩子表明,不仅AS孩子,每个人都会遇到这一困难,即难以理解别人的内心到底在想什么。

## AS孩子的父母面临的挑战

反思性养育方法中,哪些具体步骤能够帮助到AS孩子?在讨论这一问题之前,必须了解这类孩子父母的经历。我们从父母那里听到了一些讲述,我们将其谨慎地放到一起,毕竟每个孩子肯定都各不相同,不过也有共通之处。我们认为,分享这些经历大有裨益,主要是因为,如本书此前所说,了解自己的感受是成为反思性父母的第一步。

如果你是AS孩子的父母,我们希望你认识到的第一件事便是:你的孩子有缺陷。这个话不太好听,也无法让人舒心接受。但是,想象一下,如果你的孩子行走不便,你会让他每天爬楼梯,还是据此改装一下你的房子,改变一下亲子活动的方式?牢记"孩子有缺陷",原因有三:首先,孩子有缺陷,但这不是他的错,了解这一点之后,不管他做了什么,你都能更好地控制自己的感受和反应。其次,牢记孩子有缺陷,也就更能理解你自己的失落感,特别是当你期望孩子能够变得"正常"时所带来的失落感。最后,这样一来,便能就这些困难展开对话,构建环境。换句话说,牢记孩子有缺陷,你更能根据孩子的需求来改变你自己。

我们鼓励你这样想,因为要接受你的孩子"与众不同",无疑要面对痛苦的(因对孩子有所期待而产生的)失落感,以及愤怒、悲伤和其他不愉快的情绪。与AS孩子交流时,无法像与他人(或家里别的正常孩子)那样一来一回相互对话,这确实让人难以接受。如果你有话要说或有事要做,但这时孩子却不顾你的暗示,继续自顾跟你说话,你可能会有点沮丧和恼怒。上述情况是AS孩子的共同特征。注意到自己的这些感受,为它们命名,然后接受它们,这很重要,因为它们是实实在在,而且是合情合理的。这个时候,反思一下你的孩子面临的实际的限制是什么,这特别重要。所以,你既要接受孩子的局限性,又要鼓励孩子有更多的灵活性,两者要平衡,即,温和地轻轻推动孩子从他人的角度想一想。接受孩子的局限性并不意味着放任自流,你可以想办法帮他培养技能(他正艰难地努力掌握的那些技能),特别是理解自己和他人这一基本能力。

## AS孩子的父亲会经历的困难

孩子有AS,对父亲来说尤其困难,相较母亲而言,父亲情绪发泄的出口更少。AS孩子如果特别难以应对,作为父亲可能会有疏离感。记得有一位父亲,他说,只要看到其他父子一起享受"正常"的亲子活动(比如周六踢足球),他就怒火中烧,于是他选择避开其他家长,撤退到他的安全世界——工作中。还有一位父亲,讲述了他与AS儿子的一次艰难互动,然后说,自那之后,当他坐车去上班时,他脑海中冒出一个强烈的画面——他的孩子"穿着宇航服飘向太空,他突然无法够到了"。这两位父亲如果能与其他同病相怜的父亲谈谈,相互分享经历,也许能受益良多。刚刚描述的那位父亲发现,与另一位AS孩子的父亲交谈,分享各自的经历和愤怒感,他们可以把养育自己孩子的体验正常化了。他还发现,试着想象孩子可能会如何体验这种失去联结的感觉,让他更能够共情到自己的孩子。

## 感到与孩子失去联结

AS孩子和父母之间的隔离感,十分常见。作为父母,你会影响孩子调节他自己情绪的能力,这很重要。同样重要的是,孩子也会对你产生影响,会影响你调控自己情绪的能力。和AS孩子一起时,父母们可能会觉得与孩子之间严重缺乏情感联结,这与和正常孩子在一起时的体验截然不同。作为一个人，在情感上，如果你与自己的感觉、想法和情绪无法联结，会令你产生疏离感，让你心神不宁。把这些父母的强烈感受记在心里，让我们来看一个前来问诊的AS孩子家长的案例。

珍妮丝是一位年轻的母亲，她有2个女儿，6岁的艾米和18个月大的罗茜。珍妮丝回忆起第一次评估她与艾米关系时的情形。当问到她和艾米的关系时，她说，她觉得两人关系似乌云笼罩。从孩子的童年故事中，我们了解到：艾米的父亲已经去世，她与父亲的关系之前就很不理想，因为他在艾米的生活中飘忽不定，似有若无。珍妮丝说她当时患有产后抑郁。我们开始与这个家庭一起思考问题的起源。原来，在父母与孩子生活的最初几年就已经出现问题了。从艾米的童年经历中，以及珍妮丝和艾米的10分钟游戏互动中，我们发现，尽管珍妮丝多次主动发起与艾米的互动，并多次邀请艾米共享亲密温暖的亲子时光，还主动进行身体接触，但艾米显然缺乏情感回应。通过进一步询问，珍妮丝承认，早在艾米失去父亲之前，她就已经觉得难以与艾米建立真正牢固的情感纽带了。问到二人的日常互动和共同乐趣时，珍妮丝告诉我们，两人一起看电视时，她会进入角色关系和人物生活中，而艾米只会注意一些表面细节，比如人物的长相，她似乎注意不到或完全不了解人物之间的任何互动关系。谈到和女儿一起生活的经历时，珍妮丝很难过，她说："我觉得很内疚，尽管罗茜比艾米小很多，但我总觉得她和我的联结更多，不知道这是怎么回事？"

如果你的孩子有 AS,而你正努力成为反思性父母,那么这种状态就需要尤其注意,也就是你虽然与孩子在一起,但不知怎么的,还是感到孤独。因为这并不像简单地镜映出孩子的感受那么直接。比如,你可能会觉得,孩子会因为一个人独自玩耍而感到孤独,但他们很可能大部分时间里根本就不会感到孤独,事实上,他们独处时可能更舒服。我们和珍妮丝一起工作,首先,我们鼓励她采用"父母三步法",接纳和理解自己的心态,以及与女儿感受有关的心态,这有助于她从关注艾米的所作所为,转变为关注艾米的所感所说。在这个复杂的转变中,她需要关注不同的感觉。首先,珍妮丝需要接受,自己在情感上与女儿没有联结。虽然她想与孩子共享情感联结的时光,但艾米只想看电视,并不在意这是不是情感共享的体验。事实上,艾米的不在意,让珍妮丝感到更加孤立。不过,如果她能注意到自己的感受,并且认识到,她自己的感觉与艾米的感觉就只是不同而已,这可以帮助她觉得自己没有那么被孤立。毕竟,艾米可能很享受有妈妈在场,只是无法向她表达罢了。如果珍妮丝能改变想法,考虑艾米的感受,如果她能做到这关键的一步,那她将更容易从艾米的角度思考和感知世界。虽然这种转变可能会让人不舒服,毕竟要承认自己的孩子有缺陷,还是比较困难的,但这可能会让珍妮丝更好地理解和回应女儿。如果一切顺利,这就会让艾米慢慢开始运用换位思考的技能,并学习与之相关的社交技能。

## AS 孩子有何长处?

但是,AS 孩子必定也有一些不同寻常之处值得称道,因此不要只盯着他们的短处。比方说,他们的想象力很强,当外界互动的挑战太多时,他们往往就会躲进自己的想象世界里,寻求安慰和刺激。再比如,他们注重细节和准确度,这一特质在很多情况下也非常有用。只要你能从孩子的角度出发,理解他们对精确度的追求,那么,你就能与他们一道,帮助他们在生活中发挥这种优势。一些AS孩子争论时非常善于全面看问题,不会情绪化或偏向任一方,这在他们以后的生活中会成为一种优势。还有,他们能专注于一个问题,不分心,这也是一个巨大的优势,对学业而言尤其如此。与其他孩子相比,AS孩子还有很多其他优点和特别之处值得称道,做反思性的父母,你就会开始关注并认可他们看待生活的不同角度,这不仅能提高孩子的自尊心,还能增加亲子之间的情感联结。

## 如何帮助AS孩子扩展对自我和他人的觉知?

如果你能接受孩子的局限性,并且重要的是,你能接受你对孩子缺陷的感受,那么,我们希望你下一步,开始帮助孩子学习如何理解他人的心理,如何与你及其他人有更多的情感联结。毕竟,大多数AS孩子的父母既想跟孩子更有亲近感,还想让孩子在这个世界上感到更舒适,与他人相处更舒心。

人们通常误认为,AS孩子很难识别情绪,命名情绪。有趣的是,他们其实能很好地识别出自己体验到的情绪状态。如果你的孩子有AS,那你肯定非常熟悉他强烈的情绪表达方式,但是,他们却很难识别他人的情绪状态。要想切实可行地解决这个问题,方法之一是,你要不停地告诉孩子,你自己有什么情绪,以及身边人有什么情绪。这一方法简单方便,随时随地可行,无须做什么复杂的事情。例如,当你和孩子一起看电视剧,比如看《辛普森一家》或《特蕾西·比克尔》时,你就有很多机会去评论电视里的人物有什么情绪。比如,你可以说:"我觉得巴特又替霍默感到尴尬了,因为他穿着内裤在房间里走来走去!"或者,你也可以说:"特蕾茜父母都不在家,她有时候肯定觉得很孤独。"你说这些话不为别的,主要是让孩子注意到你所说的,希望他开始注意到巴特·辛普森除了有滑板、尖头发型之外,还有别的东西,比方说,注意到巴特其实还有情绪,而这些情绪与其周围的人和事有关。你将这种"将心比心"的方法在家庭日常对话中引用得越多,你的AS孩子就会越熟悉如何评论别人的内心状态和外在情况。通过不断重复,久而久之,你会发现孩子谈论人的方式真正发生改变了,除了谈论人的外表、行为,还会开始谈论人的心理状态。

## 心盲,还是心理近视?

巴洛·科恩在研究自闭症谱系障碍儿童的"心理理论"时,创造了"心盲"这一概念,父母们在思考如何更好地做到"将心比心"时,要记住这一概念,这很重要。巴洛·科恩和同事认为,心盲是一种认知障碍,即一个人没有能力从心理状态来理解自己和他人。换句话说,这个人没有能力思考自己和他人的想法和感觉。正如本书所言,理解你自己和他人的心理,是反思性养育的关键要素之一。如果你的孩子无法看到或理解他人的想法和愿望,你可能会怀疑,反思性养育是否真的有用?

不过,如果孩子生活的环境能持续不断(而非断断续续)训练孩子的换位思考能力,或者换句话说,如果可以创造出一个养育环境,在其中,孩子的心理处于中心,旁边就是你(父母)的心理,而你的心里面想着孩子及外界,那么会发生什么呢? 在这样一个反思性的环境中,就算是一个不善社交的人,也完全有可能取得进步。下面这个例子,是一个12岁的AS孩子和他父母的故事,孩子的妈妈正努力创造这样的环境。

妈妈:"丹,待会儿记得收拾好打橄榄球的装备,你放学后要打,记得吗? 对了,3点20还要去学打鼓。等一下,过来,你穿的还是昨天那件衣服吗? 前面有点脏,上楼换一件再去上学吧?"

丹:(紧紧抱住头,大叫道)"啊,我要晕了,能不能别说了,妈? 我不打橄榄球了,我再也不想打了,再说,昨天已经学过打鼓了。没法换衣服了,要迟到了。啊(又抱住头,捂住耳朵)。你真的很烦,你为什么要大喊大叫?"

妈妈:"对不起,我一股脑说太多了吧? 一次问那么多事,你肯定有点晕。我不该挑你出门的时候才问你。"

丹:(把手从耳朵上拿开)"你刚才说的时候还很生气。"

妈妈:"是吗? 嗯,对不起,我并不是想要生气。大概是一到早上,我就有点着急,因为要想很多事,要帮你弟弟穿鞋,还要听他说了什么。昨晚我就应该和你交代这些事情的。在你睡前我们本来可以聊一聊这个。嗯,衣服不换也不要紧,现在换的话,估计你会更慌乱。祝你在学校开心,宝贝。"

有人认为，如果一个孩子患有"心盲"，就像自闭症谱系障碍的情况一样，那么，试图去帮助这个孩子理解自己和他人，可能并没有多大用处。如果你的孩子有AS，完全不了解自己和他人的心理，那么和他交流时，你是不是会更加地"将心比心"？其实，我们认为，这种情况并不是"心盲"，而是"心理近视"。用"心理近视"这一概念来看待有AS的人的心理，让人感觉更有希望。从这一点出发，我们想着手帮助你，作为父母，从亲子双方的角度，努力对孩子的心理发展出更清晰的"心理视力"。从与AS儿童、青少年的工作当中，我们得到启发，受到鼓舞，即：通过这样的方法——注重反思性养育的关键要素（关注、换位思考和给予共情），可以帮助AS孩子发展出更好的能力和技巧，来理解他人的思想和情感，以及理解这些思想情感与自己的差异。我们想要再次强调，要特别注重换位思考和给予共情，这样你与AS孩子的交流才是清晰明确的。越来越多证据表明，采用视频等干预措施来示范社交技巧和互动，在帮助AS孩子提升换位思考能力中十分有效。

　　在与AS儿童和青少年工作时，我们首先注意到的是，评估期间第一次来见我们时，他们能够清楚地说出自己的感受，对他人的感受。比方说，一个10岁的孩子说，在诊断之前的那个阶段他感到特别难过，他说："我知道自己有些不同，我就是跟其他人不一样。而且，我真的搞不懂别人。"评估孩子是否患有ASD或AS时，我们发现这类表述并不罕见。正是这种洞察力掩盖了他们反思自身和他人情感的能力，而他们的这种反思能力，可能超出了我们之前的想象。如果你正在养育AS孩子，正感到挫败沮丧，不知道如何帮他建立更积极的社会关系、培养更强的洞察力来理解他人的话，那么，我们正是想要基于这类洞察力，帮助你建立孩子换位思考的能力。

## 培养情绪理解力

那么，如何锻炼大脑中这些理解他人意思和意图的神经网络，以便长期坚持，慢慢形成理解情感的"肌肉"，从而更好地理解他人意图呢？

对此，AS以及自闭症领域的专家托尼·阿特伍德评论道：如果一个孩子认识到自己与别的孩子不同，那么，对于这一认识的建设性的反应是，让孩子观察他人的言行举止，试着去分析他人的行为和动机，或者成为一个模仿他人情绪的行家里手，以便让人接受和包容自己。如果你发现孩子真能这样做，那可真是一个好兆头。为了鼓励孩子做到，你可以劝他参加戏剧班，如果他不愿意，就让他模仿电视、电影或书里看到的人。所有这些假装扮演都能增进你想要他掌握的那些技能，因为这些技能都与进入"他人"的内心有关。

## 应对AS孩子行为的策略

在孩子情绪激烈时与他沟通，你会发现，此时你压根儿无法思考，一心只想着如何让他乖乖听话，想管理控制他的行为，而不是去理解他，与他共情，也不会想到要去映射他的状态。在这些互动极为紧张的时刻，你会感到很难运用"父母三步法"。不过，回想一下"趁温打铁"的道理,你就能明白,我们最好在孩子稍微冷静下来一点之后,再采用"父母三步法"。虽然这一点适用于所有的孩子,但如果你觉得有必要对AS孩子使用强化版的"父母三步法",那么,你要等孩子冷静下来才行。更为重要的是,你要明确这个过程,并给他一个反馈,告诉他你正在等他平静下来。比如,你可以说:"我知道,在你平静后,你想考虑接下来做什么或说什么就会更容易些;如果不冷静,你会觉得一切都乱糟糟的;所以我会先让你一个人待着,等你平静一点,感觉没那么混乱之后,我们就能再谈谈了。"回想一下给孩子"独处时间"这一策略,重点是,你要先向孩子介绍这个方法,而且还要每天在固定时间帮孩子练习一下,之后,你才可以建议孩子用这个方法让自己平静下来,或用这个方法来更好地调节情绪。

除了更好地觉察AS孩子看待事情的角度,你还要用上一些行为策略。让你的孩子反复学习和演练这些策略,随着时间的推移,这些策略会融入他的技能之中,最终让他不知不觉就能理解社会交往的规则。听起来复杂,做起来其实没那么难,实际上就是一教给了如何辨别他人的好意,如何让人感到愉快。

你会发现,对孩子来说,爆发脾气会间接获益,因为他可能会觉得自己此时更有掌控感。虽然如此,向孩子展示如何安全地表达愤怒、管理脾气,在孩子冷静、不爆发脾气时,给予他奖励,诸如此类的行为方法也很有用。除了尝试管理他的行为,还可以尝试将你对他心理状态的理解用语言表达出来,这也有助于他理解自己为何需要掌控感。

孩子在缺乏安全感、与他人没有亲近感时，可能就会需要掌控感。这时，你的说话方式、行为方式若能让孩子感到安全，就会很有用。当然，在这种时候我们的本能反应常常与此相反。每当孩子发脾气，父母们往往也忍不住对孩子大吼大叫（这又常常让父母后悔不已）。AS孩子发脾气时，很可能是缺乏安全感，如果是这样的话，那么在他暴怒的时候父母吼回去，这只会令他们更没安全感。回顾一下"父母三步法"，若要运用其强化版，就意味着，你不仅要先将自己的情绪控制好，还必须很努力地从孩子的角度看问题，以便让他感觉到与你有情感联结，减少他的孤立感。

再回想一下"趁温打铁"的概念，好的做法一般都是，你先后退一步，让孩子冷静下来；你的关注点要放在"保持冷静"上，这一点既是孩子的，也是你的特定目标。想一想他不安的感觉，再把这一点反馈给他，清楚地向他表述这是一种什么样的感受，比如告诉他："感觉自己无法控制发生的事情，会让人十分害怕和混乱，我能理解你这种感觉。"

## 反思性养育对AS孩子的好处

有人会反驳说，我们是在强迫那些天生孤僻的孩子去做一些让他们不舒服的事情。AS孩子可能会说他们喜欢置身社会群体之外，习惯没有知己朋友。或者为了让你放心，他们有可能会告诉你，他们更喜欢独处。然而，对这类孩子恰恰更要提倡反思性养育，原因之一在于，AS孩子更有可能遭遇某些问题，而其他喜好社交的孩子自然而然地就可以免受这类问题的伤害。比如，AS孩子更容易被欺负，稍微大点后到新的地方会迷路，以及更容易抑郁和焦虑。孩子需要时间自己独处，保持自己的作息，需要有舒适感，也需要有时可以不与他人交往以免感到局促，你要尊重孩子的这些需求，这一点非常重要。虽然如此，但我们也希望，你能鼓励孩子建立更多的人际关系，因为科学证据表明，与人有联结以及社交互动，可以为孩子提供某种保护，让他们免受生活的严酷现实的侵扰。

如果你的孩子患有自闭症谱系障碍或是你领养了曾寄养或被抛弃的孩子，你可能会担心他们难以交到朋友，担心他们即使交到了朋友也无法维持友谊，这种担心在这些孩子的父母中十分常见。若想教孩子从他人的角度看事情，帮助孩子交友并维持友谊，那么运用强化版的"父母三步法"就尤为重要。正如ASD青少年东田所说，他当然想交朋友，只是不知如何去做。人们普遍觉得，ASD孩子想独自待着，但实际正如东田所说，"怎么会有人想要一个人待着呢！"

反思性养育不仅有助于AS孩子发展人际关系，还有利于他们的教育安置（如，孩子选择哪类学校去上学——译者注）。最近的一项研究发现，如果ASD孩子的父母能够从孩子的角度看问题，也有安全的亲子依恋关系，那么，这将预测4.5年到8.5年后孩子在包容性项目（指为有特殊需要的孩子，如自闭症谱系障碍，而专门设计的教育项目——译者注）里的教育安置情况，其预测力超过了孩子的智商和互动能力。

## 情感联结，而非行为矫正

前文谈论过"与孩子情感联结，而不是纠正孩子的行为"的重要性，这一点对 AS 孩子及其父母来说，可能更关键。回想一下那位父亲，他脑海里浮现出儿子穿着宇航服飘向太空、离他很远、离开地球的画面。这个特殊的意象，是在那天早上他与儿子激烈的争吵之后，在他上班的路上出现的。儿子要去游泳但找不到泳镜，他十分烦躁。找到泳镜后，他又升级了，说它太紧了，不是要找的"那个"。到最后，他蜷缩在卧室角落，尖叫着撞头，说他根本就不想去上学。此时此刻，他心里只有愤怒，其他什么也说不出，他也说不清自己的感受。父亲又吼了他，说上学要迟到了，让他带着游泳的东西滚出去。儿子的情绪因此变得更糟糕。

看看这位父亲上班途中的体验，想象他儿子穿着宇航服从他身边飘走的生动画面，我们或许能试着更好地理解他的感受。我们可能这样理解他：这位父亲准确地反思到了自己的感觉——他在儿子痛苦时无法与他联结，同时，他也准确地与儿子的感觉调谐——孤零零地在这个世界上，好像有些与世隔绝。下次在你生气的时候，多想想这种感觉，这不仅可以增加你对孩子的共情，还能让孩子在这种特殊的情况下行为得当，符合社会期望。这样的联结可能比单纯的行为策略和哄他开心更有效。正如本书中多次提到的，你的关注、共情和换位思考对孩子影响很大，能够强有力地改变孩子的行为方式。

孩子一闹脾气，你可能就会觉得他十分不讲道理，完全不听话,甚至会觉得他不在乎你的感受,没把你的话放心上。这时,你很容易滑入"只想控制行为,让他听话"的教养方法中去。一看到孩子的行为很难管教,愤怒之情瞬间升起,自然也就不会与孩子感同身受。

## 情绪超载

你的孩子如果有AS,试着把他想象成一听汽水。每当你问他一个情感或人际关系问题时,就相当于你摇晃了一下罐子。每当你多问他一个问题,多说一番话,或者激起他看似复杂的某种情绪时,汽水就会起更多泡。最后,因为你摇得太多,罐子产生了太多气泡,爆炸了。试着把罐子平放在桌上,保持不动。罐子同样会起泡,但爆炸的可能性就要小很多。有AS的孩子谈论情感或关系时,经常提到"困惑"这个词。这一说法其实是一个非常准确的反思,还反映出孩子可以部分理解他人的想法和情感。与这种困惑感相联结,而不是试图探究揭示它,这可能是最好的开始。毕竟,在AS孩子感到困惑时,你的解释对他来说没有好处

### 学会更多觉察他人的心理

萨拉的一个儿子有AS。每天下班后,这个孩子和另外两个孩子就对着她"轰炸"个不停,他们自顾自地讲一天里都做了什么,完全不在乎母亲一天的感受和想法,这让萨拉非常烦躁。有AS的儿子名叫哈里,他每天向妈妈讲述时,尤其声嘶力竭,面面俱到,不落掉任何一个细节。于是萨拉决定,每天下班进屋(脱掉外套)时,让哈里反过来问她"今天过得怎么样"。萨拉注意到,一开始哈里问

她这个问题,只是为了之后可以向妈妈讲述他最喜欢的电脑游戏,今天打到了哪一关。但过了一段时间,她发现,儿子开始问她一天中更多的细节问题,并且似乎对她在工作中和谁说过话很感兴趣,甚至开始帮她出主意,教她如何处理工作中的某些情况。

这就产生了一个有趣的问题:哈里的提问是一种社会习得性行为吗?还是说,他了解到,为了社交互动而与人互动,本身就自带某些回报和乐趣?一段一问一答的交互对话,只是简单地为了享受对话过程,了解别人的心理?这不禁让我们反思,实际上童年时期的所有社交技能,最初是否都是一种习得性行为,之后再逐渐融入并内化到孩子心中,让孩子理解和好奇他人的心理状态?久而久之,妈妈注意到,哈里开始将"你今天过得怎么样?"这个问题扩展到其他人,他会询问别人的生活、想法,并最终问到别人对事情的感觉上。换句话说,他开始对别人的心理运作方式和内心故事感到好奇了。

## *反思性养育总结*

### 敏感的孩子

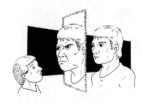

**我们的意思是……**

运用反思性养育的原则,强化某些方面,以帮助那些对他人的心理特别敏感的孩子,也帮助那些很难相处的孩子。

### 它有助于你……

也许，能够退后一步，意识到孩子看待这个世界的方式与你的方式截然不同，对于这些孩子的父母来说，再没有比这更重要的事情了。记住这一点，十分有利于你保持冷静，并能将"父母三步法"的品质带到与孩子的互动中。

### 它有助于你的孩子……

孩子若难以理解他人的心理，难以理解他人的行为方式，就更需要父母运用强化版的反思性养育立场，这样孩子才能通过父母的指导，开始学会理解他人的想法、感受和意图。敏感的孩子需要帮助、支持、理解和鼓励，才能够与人交往，并建立积极而充实的关系。

### 它有助于亲子关系……

如果你正在养育一个孩子，他很难理解和控制自己的情绪，也很难理解别人的心理，那么，采用强化版的反思性养育立场，将会减少你们之间的孤立隔绝感和不被理解的感觉。如果采用反思性并吉来对待他，你将会与孩子更亲近，更能彼此互相理解。

### 精中化……

1. 尽你所能觉察孩子的敏感性，还要意识到他和你看待人际关系方式上的不同，你们的关系越是困难的时候，越是需要这样做。

2. 把孩子的情绪温度计放在心里面——他们的情绪温度计不同于你和你的其他孩子。孩子的情绪一旦升温，可能需要花更长的时间才能恢复，他们的情绪感受可能比你或其他孩子所体验到的更强烈。

3. 明确告诉孩子你的意图是什么——不要以为孩子自己就能理解你为什么这么做。让孩子清楚地知道你心里在想什么,以及你为什么要这样做,这一点很重要。

4. 即使你很难对孩子的体验感同身受,也要确保你能确认他们的感受——他们强烈而真实地体验到这些感受。运用强化版的"父母三步法",重点就是换位思考。

5. 尽可能清晰、敞开地表达你的心理状态,这样孩子就不用费劲去弄明白你是怎么想的、你有什么感觉。对敏感的孩子来说,要理解你行为背后的意图,那是难上加难。

6. 注意到孩子的长处,以及孩子对他人的行为不那么敏感的时候。

7. 孩子的敏感,可能有其背后的缘由,而这些背后的故事可能让人难以理解。所以需要花时间、有耐心,以及很多的共情。

# 8 家庭、兄弟姊妹和朋友

　　随着孩子的成长发展，其社交圈子不断扩大，他们与其他人的关系就变得重要起来。因而从孩子蹒跚学步起，你就会发现自己越来越关心他与兄弟姊妹相处如何。在他进了幼儿园，进学校读书后，你又关心起他与朋友的相处情况。他与你和其他重要家庭成员早期关系中的互动，帮助他形成了对关系的大致理解，而这就是他在家里家外发展多种关系的基础。这些早期的人际互动会建立起一种模式或者蓝图，储存在他的脑子里，虽然你的孩子并没有意识到，但在他与人交往时，这一蓝图便会向他显示出如何与人打交道，以及他可以预期别人会做出何种回应。因此，家人之间就重要事情进行交流的方式很重要，会向他示范：他对家庭之外的人可以期待什么。如果孩子看到，无论身处顺境还是逆境，家庭成员之间都能理解彼此的想法和感受，假以时日，他便知道，这样做对于与人打交道很重要。家庭生活让孩子置身于多个人的想法和心理当中，处于这样的家庭环境中，你的孩子便开始从三个、四个或者五个不同的角度看问题,这为他提供了一个丰富有利的环境,身处其中,他可以对人际关系形成一个大体的了解。本章我们将看一看,在家庭中你如何成为反思性父母,在孩子更广阔的社会人际关系中,你如何通过指导他来践行反思性养育。同时,我们还将看一看,在你自己运用"父母三步法"时,你如何鼓励孩子也用一用这种方法,以便促进他积极正面地处理家里家外的关系。在孩子不断扩展社会人际关系的过程中,反思性养育的立场会直接影响孩子的社交能力。

反思性养育的立场并非只针对你的孩子,它也适用于整个家庭,也就是说,要尝试同时理解多个人的观点。将多个人的想法同时放在心里面,还要弄清这些想法之间的关联、彼此之间的影响,实属不易。不过,有研究表明:如果家庭成员都这么做了,那么,家庭内部的沟通与解决问题的能力就会有所提高。这种方法用在临床情境下叫作"心智化家庭治疗",相关研究结果表明:当家庭成员开始更多地理解彼此的看法时,家庭的和谐程度就有振奋人心的进步。

在孩子成长的各个阶段,他自然而然会有越来越多的机会,将从你身上学到的技能付诸实践。正如孩子理解他人、考虑他人的需求和观点的能力会随着时间的推移不断发展一样,他的社交圈子也会不断拓展,他将见识到更多新的、多样化的社会情境。他接触社会越多,就越是受到自己经历的影响,而且其他人也逐渐开始影响他。但无论如何,你对孩子的支持仍然十分必要。孩子通过反思你对待他的方式,就能够继续了解社会关系,了解他在这些关系中的角色。我们要再次强调这一点,这至关重要:孩子在社会上如何学会与人互动,源自他对人际关系如何运作的理解——而这正是他从你身上学到的技能。

# 父母间的关系

父母之间可能是夫妻关系,或者,即便不是夫妻或伴侣关系,也可以是育儿联盟,共同养育孩子。如果你是一位单亲父母且与孩子的另一位家长没有联系,那你可能会对这部分感兴趣,但也可能毫无兴趣。不过,即便是你独自抚养孩子,那么稍微思考一下,孩子目睹成年人之间的互动会如何影响他理解你、理解他人,也会有所帮助。

你在与对方(伴侣或共同养育者)的关系中使用"父母三步法",就意味着在向你的孩子做出示范:在对方说话时认真倾听,从对方的角度看问题,并适当的时候表示共情,这些很重要。毕竟,假如你十分努力地对孩子进行反思性养育,但在你与伴侣或与孩子的共同养育者之间的关系中,却完全没有贯彻上述理念,这就会令孩子感到非常困惑。有可靠的证据显示,家长间的冲突会对孩子产生持久的伤害。

在成年人的关系中,我们都很容易陷在自己对世界的看法中,很难关注对方不同的看法,也很难对其观点感到好奇。在我们想要管理孩子的困难行为时,情况可能更甚。我们总是认为,作为父母,我们见多识广、更明事理;在许多父母关系中,都有一方占主导,他们坚信自己比对方活得明白。如果在家里有一个强势的家长,或者一个特别能说会道的孩子,那么,这位家庭成员的观点就容易主导其他人,令其他人觉得自己的意见无关紧要。要成为反思性父母就意味着,要对每位家庭成员的观点都保持好奇,而不是过分关注某个人的想法。

我们知道,孩子们会密切观察父母,评价父母如何对待彼此,这极大地影响到他们期待父母如何对待自己。那么,在与伴侣的关系中,如果你表现出兴趣,对其感受表达出共情,在他们的观点与你的不同时,对其心理表示理解,那么,你的孩子就更可能期待你会以同样的好奇、共情以及将心比心的方式来养育自己。

我们往往沉浸于自己的生活,这让彼此共情和将心比心更难了

我们来看看下面这个场景,这是发生在乔恩和丽莎夫妇以及他们的两个孩子查理和艾拉之间的故事。可以思考一下,这对夫妻向孩子们做出了怎样的示范。

晚上6:30下班后，乔恩回到家中，妻子丽莎与两个孩子查理和艾拉坐在桌边，刚吃完晚饭。乔恩看起来很烦躁，他走过妻儿身边来到厨房，连声招呼都没打，直接说道："丽莎，你都想不到我今天有多糟心。我刚要离开办公室，格雷厄姆（乔恩的老板）就把我叫住了，因为邮件的事把我训了一顿。他说我越级了，还问我为什么不事先咨询一下他，喋喋不休，说个没完。可我每次想咨询他的时候，他不是太忙了不能去烦他，就是根本听不懂我在说什么，所以这次我想就自己来完成算了。他那样在（办公室）其他同事面前训我，让我真的很难堪；这个人太粗鲁了，太咄咄逼人了！"丽莎听完回应道："哎，你不跟孩子们打声招呼吗？你没必要把这些带回家吧。查理今天参加了越野赛跑，你是忘了吗？你是不是有点过分了？你讨厌被人批评，可我们每个人上班都必须忍受这些东西啊。快，过来和我们吃饭。"

你觉得乔恩此时感受如何？首先，他下班回家跨进家门，本想排解一天的压力，得到的却是丽莎这样的回应。站在乔恩的位置，你会有什么感受？他觉得丽莎总会有同感想？最后，当两小孩子看到父母之间这样互动，他们的感受又如何呢？

可以想象，乔恩下班回家后想做的第一件事，就是把今天令他感受强烈的重要事情和家人说说，向家人吐槽一下。尽管他已经把怒气表达出来了，但我们能猜到，他还是十分难受，他说，在同事面前那样被训斥让人"难堪"，所以他还感觉很丢脸。试想在你烦躁或感觉受伤的时候，别人不理解你的感受，还说你不应该表达这些感受(正如丽莎回应的话"你没必要把这些带回家吧"),你会有何感想?我们想象得到,你可能需要(就像乔恩一样)首先有人倾听(即"父母三步法"中的"关注");其次是,需要自己的感受被人认可。如果对方能够与你共情,与你的感受调谐,你就有机会多谈谈你的心事,吐露你的烦恼。但在乔恩与丽莎的对话中,我们看到,丽莎否定了乔恩对老板的感受,这样一来,他就受到了两次训斥,一次是因为发送邮件的事被老板训了,另一次是被他的妻子训了,妻子还说他"过分""讨厌被人批评"。同样的,从丽莎的角度来看,她正和孩子们一起吃饭,脑子里想的都是当天的事儿,尤其是查理参加越野赛的事情。很可能她也想让乔恩注意到自己的想法和感受,所以当乔恩直接经过她进了厨房,都没有给她和孩子打声招呼,那时她当然会感到受伤。我们可以想象,这也许可以部分解释丽莎为什么不能对丈夫的感受表达共情,反而表现出心烦来。两个孩子可能体验到了很多感觉,心里五味杂陈。然而,他们的父母却向他们示范了失败的互动:双方都不能理解对方的想法和感受。

接下来,让我们回到开头,重演这个场景,这次我们假设乔恩和丽莎在互动中使用了"父母三步法"的原则。

晚上6:30下班后,乔恩回到家中,妻子丽莎与两个孩子查理和艾拉坐在桌边,刚吃完晚饭。乔恩看起来很烦躁,他走到桌边吻了一下丽莎的额头,对孩子们说:"嗨,回家看到你们真高兴。我想听听你们今天都过得怎么样。这之前我想先跟你们的妈妈说说话,好不好?""你都想不到我今天有多糟心,丽莎。我刚要离开办公室,格雷厄姆(乔恩的老板)就把我叫住了,因为邮件的事把我训了一顿。他说我越级了,还问我为什么不事先咨询他一下,喋喋不休,说个没完。可我每次想咨询他的时候,他不是太忙了不能去烦他,就是根本听不懂我在说什么,所以这次我想就自己来完成算了。他那样在(办公室)其他同事面前训我,让我真的很难堪;这个人太粗鲁了,太咄咄逼人了!"丽莎回应道:"这真是太让人难以接受了! 自从你到那里之后,你不仅做自己的工作,还完成了他的大部分工作,你已经很有压力了,他还指责你,真不是时候。而且还在别人面前说你,太不专业了。要不先来和我们一起吃饭,一会儿再聊这些,或者先冲个澡平复一下心情?"乔恩滑稽地学着自己抱怨工作,老板训斥他的样子,查理和艾拉看了笑个不停,接着他说:"等会再聊我的事,嗯,你们今天过得怎么样?"

回到这个场景中,乔恩成功地对自己的心理有了更多的觉察;不仅如此,在他走进房间的时候,他还意识到了家里还有其他人,他们有别的想法和需求。我们十分鼓励你也像乔恩那样,在与孩子和伴侣的互动中使用幽默。一旦能够笑对发生的事情,这就意味着你能够后退一步,跳出当时的情景来观察发生的事情,这也十分有助于为当时特别紧张的局面降温。若父母能够在孩子们面前自嘲,拿自己犯的错打趣,他们就是在给孩子示范某些重要的东西。首先,父母能够从外界(其他角度)看待自己;其次,如果能拿自己来打趣,比如在真的生气或恼怒的时候,能模仿自己,这就是一种释放紧张情绪的好方法,能给潜在的困难局面降降温。最关键的是,孩子们会看到,你能从多个不同的角度看问题,他们还会明白,自己的观点未必就是对的。

## 父母间的冲突

父母间发生冲突,无论激烈与否,都必定会让孩子难受。孩子们依靠父母来理解自己的想法和感受,他们期待自己周围的环境是稳定可预测的,是连贯一致的。那么父母间发生冲突对孩子有什么影响呢?如何利用孩子生活中重要的成年人之间的误解,帮助他们理解自己和周围的人,而不是让他们不知所措,担惊受怕呢?

在极端情况下,父母间的关系十分紧张,充斥着不同程度的争吵和暴力,成年人难以与他们的孩子调谐,相反,他们只顾自己的感受,只关心眼下与伴侣持续不断的纷争。在有家庭暴力的家庭里,父母间的关系变得对孩子十分有害。他们往往不会将心比心地为孩子考虑,不与孩子共情,也不去看孩子的心里有什么想法。

有研究者最近发现,不仅极端暴力的父母关系、公开的敌意或忽视会对孩子产生破坏性的影响,父母不能解决现有的矛盾冲突,也会对孩子产生这种负面效果。若父母在情感上退缩、疏远,或者冷漠地对待彼此,都会消极地影响孩子的发展,包括学习成绩、情绪唤起、行为调控、自我概念、社交能力和长期的健康状况。如果父母关系出现了以上问题,那么,父母们真实的感受是什么,包括父母对自己以及对彼此的感受是什么,孩子们自然也会很困惑。

父母还经常误以为最好不要在孩子面前表露情绪，以免让孩子难过。但可惜的是，他们常常忽视重要的情绪冲突，或者对某个事情耿耿于怀，但就此打住，让其伴侣和孩子不清楚他/她在想什么，有什么感受。因此，作为父母，你面临的难题是：权衡你在多大程度上和孩子分享你对伴侣的想法和感受。和孩子说得过多，会令他们害怕，不知所措；说得过少，他们无法明白某个情境，或者父母的行为到底是什么意思。

当然，时不时的争吵和误解是绝大多数父母关系的正常特点，正因如此，努力去解决这些问题，使家庭单元保持完好而非破裂，极为重要。父母起冲突时，不管是明面上的攻击还是无声的敌意，他们的情绪往往都十分激烈。那时他们都很难觉察和反思自己或其他人（包括孩子）的心理状态。这对孩子来说是个问题，因为他们对自己体验的理解几乎完全来自父母以及父母对他们的理解。孩子非常需要反思性父母，有能力准确地反映他的感受和意图，其中也包括负面的感受，对此我们已经有过很多的思考。试想，如果你和你的伴侣起了争执，无论这个争执是偶然发生，还是来自长期持续存在的冲突，尤其是当争执的议题围绕了他说时，你就不可能还将孩子的想法和感受放在心里去考虑。

要是这时候你能停下来，留意到自己就要吵起来了，并且开始想一想，此刻当孩子看到、听到你们的争吵时有何体验，会怎么样呢？首先最重要的是，如果你这样做了，你就已经开始考虑孩子在场及其感受了。大人吵架正处在白热化状态时，很容易忘记孩子还在场。你与你的伴侣相处的方式，就是孩子学会理解人际关系，包括解决冲突和情绪问题的模板。如果你与伴侣之间的矛盾处理得很糟糕,那么,孩子们心里装着这种关系蓝图,可能就会发现,要处理自己与朋友间的关系问题及以后生活中的人际关系问题(包括与其伴侣的关系),就更难了。另外,很重要的一点是,含混不清、不明朗的状况对孩子们来说极难处理,会引起他们很大的焦虑,因此,若争论悬而未决,会给他们带来很大的问题。要试着给孩子们解释你自己的某些感受,同时还要把这些感受和你对孩子的感觉区别开来,这一点很关键。

我们来看下面的例子,从中弄明白怎样一开始就使父母间的误解给孩子造成的伤害更小,甚至充分利用误解,借此帮助孩子总体上理解想法、感受和人际关系。

卡伦和汤姆因为孩子的事已经拌了一天的嘴。头天晚上,他们俩和卡伦的几个朋友出去玩,汤姆说,他发现卡伦的朋友艾玛这个人"很自我",对汤姆的工作进展不感兴趣,甚至连他做什么工作都不问。当晚夫妻俩很晚才睡,第二天是周日,他们一早就被2岁的小女儿莫莉叫醒了。这会儿一家人围着桌子在吃午饭。汤姆告诉卡伦他明早要做个汇报,但卡伦没注意听,她正在听二儿子山姆说他的法语家庭作业现在还没写完,想让妈妈辅导他一下。汤姆突然把刀叉往桌上一扔,对着卡伦吼道:"我就在这儿自说自话,你对我的工作根本就不关心是吧?"卡伦吼了回去,说她当然关心,但不可能"随时随地"都在关心,难道一家人就不能在周日开开心心吃个饭吗,接着她气鼓鼓地加了句:"很抱歉给你的关心不够,毕竟我要操心3个孩子，而且我昨晚只睡了4个小时。"他们俩在孩子们面前吵个不停，直到莫莉突然放声大哭，趴在桌上哭个不停，见此情形两人才停下来。虽然还生着气，他们立刻都为自己惹得莫莉难过而后悔不已。

卡伦和汤姆可以有不一样的做法，首先，他俩在争吵时可以对孩子多些觉察，而不是激烈争吵，直到莫莉哭起来才意识到。看到莫莉难过的样子，他们能认识到看人吵架是多么可怕的事情。通过这样的方式，他们就能从孩子的角度换位思考，认识到自己对孩子的影响，从而跳出自己的情绪状态，不至于被情绪左右。借这次夫妻失和的机会，卡伦和汤姆可以帮助孩子认识到，冲突会怎样发生，可以如何解决。他们可以以这种方式向孩子们解释，父母和孩子一样，有时候也会闹翻、生彼此的气，但重要的是解决冲突，并且首先要理解是什么令彼此生气。不过，给年幼的孩子详细解释成年人为何会有那样的感觉，并不总是很合适。在上述例子中，卡伦和汤姆可以想想怎么向孩子们示范，父母会吵架，生对方的气，在气头上时，也很难为对方考虑，但随后他们能解决分歧，重归于好。也许在争吵过后，他们还可以展示出对当时彼此心里的想法感兴趣。当然，双方都在气头上时这么做可不容易，首先要等气氛缓和下来，其中一方才能够从另一方的角度去看问题。

父母如果能够在孩子们面前解释清楚这类争吵和误会，并将其妥善处理，就可以减少这些冲突的危害，并且以此为契机，教会孩子理解他人的心理。再次强调，这种情况下，幽默是个不错的工具。有位家长说,她丈夫开车去任何地方都会对其他司机"咆哮",他们俩把这构思成一个可以在网上玩的游戏。在这种场景中,她丈夫必须勇敢地自嘲,每次家人捉到他在车上咆哮,他就会说:"哦,哦!爸爸又上线玩赛车碰撞游戏了!"有能力嘲笑自己,嘲笑自己在争吵中荒唐愚蠢的那一面,就是在向孩子示范:困难的感受是可控的、可化解的,如果处理得当,甚至可以让家庭和睦如初。

## 兄弟姊妹间的关系

如果家里不止一个孩子,你就肯定处于这个情境中:不得不把至少两个孩子的需求都放在心里面,此外可能还得考虑伴侣、工作、日常开支、一日三餐以及朋友。这些需求好像没完没了,太多的需求需要你来考虑,有的时候你可能极度渴望有点空间留给自己。如果你的孩子年纪尚小,他们似乎需要不断的互动和关注,那就更是如此了。孩子略大一点,尤其是他们越来越具有独立意识的时候,也要把他的需求放在心上,虽然做起来很难。要同时照顾到所有人的需求可不简单,没准到最后,你不仅没时间留给自己,还有可能无法后退一步来看看孩子们的状况。

兄弟姊妹关系无论其特点如何,通常来说都是充满矛盾冲突的。研究表明,相比于父母之间、朋友之间的关系,兄弟姊妹间的互动往往更加温暖,但冲突也更大,这倒也不足为奇。孩子们并非生来就会解决分歧,他们会时不时地发生矛盾冲突。这样一来,同胞关系就为处理分歧和消除误解提供了更多的机会。如同你管教孩子一样,同胞之间的关系问题实际上也是有用的契机,可以用来帮助孩子们处理分歧,化竞争为合作、变怨恨为感激。兄弟姊妹间会有大把时间相处,有了你的支持,孩子们就能从彼此身上学到很多。

想要兼顾到多个孩子是个巨大的挑战

## 调节并支持兄弟姊妹间的关系

有的时候,兄弟姊妹似乎会为任何事情争论不休:玩具是谁的、轮到谁打扫卫生、谁该看什么节目、谁是最佳球员、谁在学校表现更好等等。有些孩子可能性格不和,或者有一个或多个孩子脾气比较固执,要他们放心和通心协作就很难。或者由于年龄差距太大,他们因想要不同的东西而发生争吵,要不就是年龄相仿,为争抢同样的东西而发生争执。孩子们不仅在共用空间和资源,也在共享他们的父母。

如果孩子们要发展积极正面的关系,你认为他们需要从父母和家庭环境中获得什么帮助?试想在一个盆里种下两颗种子。它们将共同生长,共用这个花盆,直到足够大了才会分开,然后移植到花园里去。在你看来,什么能使他们共同茁壮成长,而不相互争抢资源呢?什么样的条件会有所帮助?你需要为它们的成长提供多少帮助?就像同一花盆里的多株幼苗一样,兄弟姊妹需要个人化的关注和养育,还需要一个共同生长的环境,在这个环境中,他们可以一起成长而不必争抢资源,在这个环境中,他们收获直接的关注并相互影响。

迄今为止,如果你一直在践行本书中的理念,那就放心好了,因为你已经为孩子们创建了一个环境,令他们开始彼此相处得更好。你将会提高他们相处所需的技能,不仅如此,他们也会感到你更理解和欣赏自己。孩子们一旦感受到父母更欣赏、更理解自己,他们就不太可能将其他兄弟姊妹视为直接的威胁。给予孩子友善的指导,而不是诉诸惩戒,就会养育出更快乐、情绪更健康的孩子来,这样一来,他们也会更好地与兄弟姊妹们相处。不过,需谨记,兄弟姊妹间不可能永远和谐相处,这很正常,而且这也并非因为父母养育不当所导致的。事实上,学会解决争端是兄弟姊妹从分歧中学到的最实用的技能之一。帮助他们解决分歧,一起见证合作的好处,将为他们提供有用的生活技能。

## 给予关注

在处理家庭关系时,拥有整体上积极向上的心态真的很有用。期待友善、合作的家庭关系,并将你的这些期待告诉家人。要是期待未能实现,保持密切关注,并好奇是哪里出了问题。

在丽莎家,夫妻二人都十分重视构建家庭关系,他们一直都主张家人要相互支持。丽莎坚决贯彻这一理念，当她感到这些期待未能有效实施时，会对为何是这样十分感兴趣。她注意到两个孩子相互讨厌，不太友善，就想要借此机会一探究竟。

"嗨，孩子们，你们为什么吵架呀？可以不靠大人帮忙，自己解决分歧吗？"

最近关于同胞霸凌的研究很有趣，认为经常被兄弟姊妹霸凌的孩子，今后患抑郁症的风险更高。因此，家长要注意兄弟姊妹间的关系，这一点很重要，一旦发现某个孩子被兄弟姊妹欺负，就要尽早干预，加以制止，不让此类行为持续下去，而且还要为孩子们示范健康的人际关系。

想要鼓励合作的家庭氛围，除了直接用言语表达以外，还有其他方式。比如，鼓励他们多关注对方的生活，这样可以更了解对方的个性和好恶。还可以鼓励他们认可对方的成就并送上自己的祝贺。彼此给予更多关注，欣赏对方的品格，这样做的好处非常明显。如果孩子们未来人人都是单独活动，那么家人之间就很容易疏远，兄弟姊妹之间就会缺乏集体感，进而变成仅由个体组成的松散团体。所以，为什么不一起玩游戏或组织活动呢？你可以腾出时间在周末组织家庭集体活动。拥有共享的家庭传统和仪式也很重要。比如一周聚餐一次，或是周日常规出游，一大家子人共度美好时光，或是独创特有的方式来庆祝传统佳节——所有这些经历都能构建亲情纽带，形成家庭认同感，从而让孩子们感觉更亲近。同时也需要注意平衡，为每个孩子留出一些个人时间，这本身就可以教会他们再次团聚时换位思考，为他人着想。

如果你真的想鼓励孩子们合作，何不时常设置奖励来激励他们相互协作呢？比如：

> "你俩和睦相处我很开心，如果这次出去你俩都能管住自己不跟对方吵架，我就允许你们今晚可以晚睡一会儿。"

孩子相处不好时，我们通常是提醒他们，这么做好像很容易。不过你也可以从另一面着手，即在孩子们相处不错时，注意到好的互动。在孩子们成功解决冲突时，你可以给他们一个特别的信号，或者在你看到他们共同处理事情时偶尔给个小奖励。当一个孩子对另一个孩子产生正面影响时，你甚至可以进一步，试着向他们指出这一点。比如，对他们说："看，你同意把玩具借给弟弟，他好开心呀！"或者说："你看，你刚才真有趣，把他都逗笑了。"

> 乔恩和2个孩子回家后发现，丽莎在桌上给他们留了几块巧克力。查理拿起巧克力递给艾拉说："艾拉你先吃。"乔恩看到这一幕后对查理说："查理，你真是个体贴善良的好孩子。"接着摸了摸他的头。过了一会儿，乔恩回来对两个孩子说："查理刚才的善良举动让我很感动，所以我想奖励你们再吃一块。"

还记得在本书第4章中，我们鼓励你在给予孩子关注时，试着观望和等待吗？如果在孩子们出现误会时你一向会过度卷入，那么也许你可以试试这样做，因为有时候不介入、站在一旁观望可能更有帮助。不过，有些情况显然还是需要干预，比如孩子有受伤的可能，或说很难听的话来辱骂对方。不过,学会合作和解决问题是一项重要的人生技能,在你不干预的情况下,通过兄弟姊妹间的合作来处理问题,孩子们就能尽早学会这一技能。而且,通过观望,你就有时间看清在他们的分歧中到底发生了什么,而不是假设你自己知道发生了什么。孩子可能需要人帮助来解决问题,但是,多给他们一点时间,没准他们就能自己解决。这样你还能从各个孩子的角度来看待同一件事情,还可以问一问自己,他们是因为什么而争吵起来。兄弟姊妹们大部分时间都生活在一起,他们共享空间、玩具以及父母的关心等各种资源,他们的冲突总是与这些主题有关。

大家以前可能都有过这样的体验:觉得父母更关心其他兄弟姊妹,这种感觉非常普遍。在思考你的父母导图时,或许你会想起这种感觉来,这种情况并不少见,因为每个人在某个时候都会回忆起这样的感觉:自己的兄弟或姐妹得到了父母的偏爱,因为他们比自己聪明,因为是个男孩(或女孩),或者因为更擅长运动。当时你还小,也许不会为此责怪父母,但随着你渐渐长大,就会记恨自己的兄弟姊妹,发生冲突的可能性就会增大。一个简单的办法便可以避免这种情况的发生,那就是尽量不要把自己的孩子相互比较,或者与别人家的孩子比较。给予每个孩子最大限度的关爱。孩子一旦感觉到他与其他孩子获得同样的爱,就不会经常产生嫉妒感。话虽如此,就算是以一种善意友好的语气来比较孩子,往往还是会挑起他们之间相互竞争、竭力表现。

"你怎么不学妹妹一样把睡衣穿上呢? 她才4岁,可她就能

214

做到。"

在全世界无数的家庭中,这种情况发生的频率有多高? 大人们很容易说这种话,尤其是当你感觉自己一年四季都在绞尽脑汁想让孩子有所改变的时候,更是如此。绝大多数父母有时都会这么说,毕竟这不可避免。可听到这样的评论,孩子心里会有什么感受呢? 当他4岁的妹妹跑过来,开心地跟他说出下面的话时,想让他改正只怕会难上加难:

**"妈妈快看,我把睡衣穿好了,哥哥还没穿上呢!"**

对大一点的孩子来说,你可以将他们相互关系中的积极面视作孩子日益成熟的标志。例如,如果12岁的玛蒂和她的妹妹或弟弟相处得不错,你可以说:"好棒啊! 你不再和弟弟妹妹吵架,这样我和爸爸带你们出去就很开心。"

孩子们一旦无聊就容易起冲突。既然如此,何不试试留意他们何时容易感到无聊,进而早些干预,让他们有事可做呢? 不过,想要每时每刻都做到这一点也不太现实,而且,要是这么做了,他们也就没有机会学会自己找些事情来做。可不管怎么说,你会发现,你如果在他们冲突爆发前没有关注,就不得不在他们吵闹起来之后去关注,而且那个时候气氛更加紧张。比如说,开长途车去度假,或者像下雨这种坏天气你没法带孩子出去,这些情形就是这种情况。提前预计到这类情况,给予孩子们关注,给他们留出时间玩耍,同时还要顾及,支持孩子们发明他们自己的活动,发挥他们自身的想象力,这些策略可以防止孩子们由于无聊厌倦而演变到发生争执冲突。

## 换位思考

　　你也可以鼓励孩子们换位思考,从他人的角度考虑事情。有证据表明:有同胞兄妹是个好事情,有助于我们了解自己和他人的想法和感受。一项关于儿童换位思考能力的研究发现,在要求孩子思考另一个人的心理时,有哥哥或姐姐的孩子表现更佳。通过和哥哥姐姐打交道,从他们身上学习,这些孩子就更善于社交。不妨这样想,对一个年幼的孩子来说,如果有一个兄弟姐妹跟他有不同的想法、感受和愿望,这就为他提供了一个绝佳的机会,让他可以反思自己的想法和感觉对别人的影响,反之亦然。

　　同胞之间发生误解,这种情况便是一个极好的时机,用以逐步培养孩子换位思考的观念,以理解为什么人们有各自的行事方式。教孩子如何设身处地为他人着想,有助于他们更好地与人相处,更有效地解决分歧,还会促进他们关爱他人、尊重彼此和公平处世。研究表明,单单了重视他人观点的孩子,相比与自己不同或被人的面看待的其他孩子,更能包容和欣赏。当然,我们可以教导所有的孩子换位思考有多么重要,不过孩子有兄弟姐妹,就有了一个很好的平台、一个天然的优势来强调这些事情。如果你的孩子是独生子女,你也可以通过朋友及其他家庭关系来展开这些讨论。

　　想锻炼孩子换位思考的能力,你可以通过向他提问,鼓励他站在姐妹或兄弟的立场上来考虑事情。可以问他"如果……你会怎么想?"这类问题能帮助他学习换位思考所需的技巧。提问的时候,要采用支持性的方式,这有助于他们全盘考虑各种情况,也能鼓励他们考虑别人的感受和立场。类似的方法还有,在孩子注意到兄弟姊妹的感受与自己不同时,哪怕他评论说让他感到郁闷,也要及时表扬,这样就能在点点滴滴中逐渐培养他换位思考的能力。比如,当孩子说:

"我讨厌山姆,他想玩游戏,但我想看节目。"

此时父母可以这样回答:"是的,山姆想玩的跟你不一样,我知道,你俩的愿望不能同时都满足,这的确感觉不好,你们可以每人20分钟轮换着玩。"

换位思考还可以发生在日常对话和家庭讨论时,也许在吃晚饭或坐车途中,能让家庭成员安全、舒服地讨论兄弟姊妹间的问题或冲突。对话开始前,你要尝试设置一个期待,即家庭成员互相倾听。你可能还会发现,在思考正面效果而非负面感受时,大家更容易考虑别人的立场。这类家庭谈话是家长践行"父母三步法"的好机会,这会让每个人都感到自己对事情的想法和观点与别人的同样重要。要是孩子在讨论过程中打断别人,这就又是一个鼓励他换位思考的好机会。比方说,你可以先认可那个打断别人的孩子,然后再说:

"我知道,你讲的也很重要,不过,我们正在听艾拉讲,她也有重要的事情要告诉我们,如果我们不听她说,她会感到难过的。我们先听她讲,等她讲完了你来讲,我们再来听你说。"

## 共 情

除非你愿意花时间去确认和共情你的孩子,体会到他有个兄弟姊妹有时候有多烦人,否则上述所有的小技巧可能都不太有用。

还记得要想成为反思性父母，与孩子共情有多重要吗？在你与孩子的互动中，如果缺了这一决定性的要素，你的孩子有可能会觉得你并没有真正理解他们，所以很可能还是会继续对其兄弟姊妹们怀恨在心。你得让孩子们看到，你不仅明白他们每个人的立场，还理解他们为什么很难一直好好相处，只有这样，他们彼此之间才会少一些恨意，才能对相互关系感觉更好一些。

7岁的格蕾丝独自在屋子里玩，她专心致志地做着手工。她的叔叔最近身体不好，她想出一个很棒的主意——做张卡片送给他。这时，她的堂弟，4岁的弗雷迪冲进房间，踩到了她的手工材料，还大喊大叫。格蕾丝的材料散落一地，她十分生气，动手打了弗雷迪。弗雷迪尖叫起来，哭着跑出房间，去找格蕾丝的妈妈告状，说堂姐打了他。

在这个例子中，格蕾丝的妈妈有多种方式来处理孩子的事情。她知道格蕾丝现在和双胞胎妹妹有矛盾，所以当堂弟进到她的房间时，她会觉得他碍手碍脚的。她也明白，格蕾丝动手打堂弟肯定下狠了。在安慰了弗雷迪之后，她就上去找格蕾丝，打算从女儿的立场出发来开始说话，她先用格蕾丝的昵称来称呼她，以便让女儿知道自己不是来训斥她的。

"小格，弗雷迪是不是又把你的东西弄乱了？"

"就是，他进来直接踩在我的东西上，把我的卡片都踩脏了。"

"哦，真是，你本来有那么棒的点子！那卡片弄坏了吗？"

"是的！"

"太可惜了，格蕾丝，有这样一个毛手毛脚、碍手碍脚的小堂弟谁都受不了，我知道你现在肯定很难受。"

"就是的，妈妈，我气死了！他怎么这样呢？"

"嗯，我猜是他太小了。我待会再去提醒他不要碍你的事，再让他过来帮你一起清理一下房间。我觉得他可能是太兴奋了，有点忘乎所以了。"

"可他真的很烦人。"

"一点儿没错，要是你愿意的话，那我来帮你做你的卡片怎么样？"

"好啊，好啊。"

"行，太好了。跟他说对不起的话，可能现在你还不想，但如果你给他道歉，他会感觉好受些，还有，不能再打人了。我现在去看看弗雷迪怎么样了，我想你先在这儿整理一下，我一会儿就过来，然后我们就可以一起做卡片了。"

如果格蕾丝感觉到妈妈理解她，她就更有可能愿意与堂弟言归于好。与孩子共情的时机很重要，因为如果你的孩子觉得你没有首先考虑到他的立场，他就不太可能愿意从兄弟姊妹的角度来考虑。上来就训斥孩子一顿，或者直接告诉他不能打人，这很可能会让他怨气倍增。

# 朋　友

放学后，丽莎接了查理和他的朋友，先带他们到公园里跑一跑,再喝下午茶。丽莎和其他孩子的妈妈们坐在公园长椅上聊天,她的朋友凯特问她:"查理的小伙伴在哪呢?"丽莎回答道:"哦,就在活动场地对面,那个站着的男孩,查理现在没和他说话。"在场的另一位妈妈露出了心领神会的笑容——这就是典型的玩伴儿会面的情形。

认真思考并理解孩子的心情和行为是一回事,而努力帮助你的孩子与他人建立好的人际关系又是另外一回事,尤其是当他们在你的监护下和别的孩子一起玩、参加聚会或是在别人家过夜的时候,要关注和帮助他们提高人际能力,因为那些时候堪比他们情绪的雷区。此外,在负责照顾别人的孩子时,你无疑也会非常关心自己孩子的言行举止,看他能否与别的小朋友和睦相处,留心他有没有我们所说的社交能力。

从儿童时期到青春期,再到青春期以后,孩子们建立友谊、成功构建人际关系这件事,是许多操心的家长所关注的主要问题。这完全可以理解,因为我们的孩子与其他孩子及成人打交道的能力,是他们的总体发展水平的标志之一,也反映出我们为人父母到底做得怎么样。父母们常常说,他们很担心孩子朋友太少,总是与朋友产生矛盾,或是经常为友情而心烦意乱、困惑不解。反思性养育是一种有用的方法,不仅能帮孩子解决上述问题,理解友谊的内涵,还能帮他在与人初次见面时就结下友谊。

孩子年龄越大,他的社交圈子也越大,在这一过程中,他的世界在扩展,他的其他人际关系就会变得越来越重要。那么,通常来说,孩子的世界会经历怎样的变化呢？孩子小的时候，他的世界就是你和其他家里人。但从他蹒跚学步开始，你就会注意到他的独立性，并为之高兴。到五六岁的这段时期，随着他越来越主动与人交朋友，他会变得更为坚定、自信。然后，到了青春期，他变得更关注自己在同龄人中有多受欢迎，待在朋友家或受邀参加聚会的时间会日益增加。尽管他与你及家里人的关系仍然很重要，但是，朋友对他的重要性越来越大，你及家人就逐渐不再是他关注的中心了。

对做家长的来说，"父母三步法"就是可选的工具之一，你可以用它来协助你考虑如何帮助孩子发展和维护友谊。

## 给予关注

我们之前谈到关注你与孩子的关系，考虑的是这种做法如何立竿见影地让孩子有一种被理解的感觉。你对孩子心里面的想法表现出兴趣和好奇，将会开始反映在他对外界的行为举止上，其中就包括他开始对身边人的想法和感觉产生兴趣，有好奇心。比如，在玩伴聚会的场景当中，丽莎可以表达她的好奇——对查理来说，在和玩伴相处时，什么令他感到如此困难呢？帮助孩子变得对他人感兴趣，在这方面你对孩子有十分重要的影响。而且，随着年龄增长，他也将会从老师以及其他受他敬重的成年人身上学到这一点。学龄儿童通常会说他们喜欢某些老师，因为这些老师很"公平"，他们说这话的意思通常是指，这种类型的老师会让学生轮流发言，还会对班上每个孩子在任何时候的发言都表现出兴趣和好奇。那么，就像老师那样，帮助你的孩子对他的朋友们所说的话、所想的事情感兴趣和好奇，是一个不错的方法，可以培养孩子学会反思与合作，其好处就是，让孩子在他的朋友当中更受欢迎。请阅读下面的对话，之后想象和思考一下，查理会有什么感受：

查理："艾萨克，我圣诞节得到了一把很帅的星球大战光剑！"

艾萨克："真的吗？拿到剑是不是很激动？哇，太棒了！光剑长什么样？你假期一直在玩它吗？下次我去你家的时候能跟你一起玩一下吗？它是什么颜色的？能发光吗？"

在这两个6岁男孩的对话中，艾萨克对查理和他的新玩具表现出好奇，这很可能会让查理感到自己很特殊、被重视。艾萨克自己很喜欢剑，所以自然就问了很多关于那把剑的事，但他也很好奇查理得到光剑的时候是不是很激动。查理体验到朋友对自己的感受表示好奇，这会进一步增进两人的友谊。下面这段对话发生在两个略大一点的孩子之间，他们也互相表现出了关注和好奇。

雅各布："那你假期做什么了，杰米？"

杰米："没啥，假期一开始就有点无聊了。我们全家一起出去玩，但去的那个地方没有 Wi-Fi，所以你懂的……"

雅各布："天啊！那是怎么回事？之后你们干吗了？是不是得和家人一起做很多事？"

杰米：(笑了)"对呀，经常健步走之类的，你知道他们喜欢那些活动。我都没能去见朋友，可现在开学了还是很无聊。"

雅各布对朋友杰米的经历和感受都很感兴趣，这让杰米对雅

222

各布和学校里的其他朋友们产生了心头一暖的感觉。在他们的互动中，一方对另一方的关注和好奇使得双方都感到亲近，更重要的是，双方都感到对方理解自己。而作为父母，我们有责任帮助我们的孩子对他人表现出兴趣和好奇。孩子在家里有兄弟姊妹的情况下，如何实践这一点，我们已做了介绍。同时，你还可以将其扩展到孩子更广泛的社会人际网络中去。我们的总体目标始终一致，即增进朋友间的联结感，促进人际和谐。

## 换位思考

换位思考是孩子们发展社交技能的关键要素。孩子不善于换位思考与其社交焦虑有关系，这并不奇怪。比方说，你的孩子第一次参加某个聚会，他只认识其中的几个孩子。家长们可以设身处地想象一下这一刻的场景：他第一次走进其他孩子聚集的房间。如果你的孩子很难理解别人的心理，也真的不明白自己在与他人关系中的状态，那么，面对述有其他孩子在场的情境，而且还要参与各种规则和结果都不同的游戏，他就很容易感到手足无措。反过来说，如果你已向孩子示范了这一点，即"考虑不同的立场，接受其他人可能会用完全不同的方式来看待这个世界（包括游戏有不同的适用规则），至关重要"，那么，你的孩子就能在参加聚会时，虽然自然而然会有点惶恐，但还是能运用他的社交技能来参与各种游戏，并且按照当时场景的"规则"来玩游戏。

若想帮助孩子与其父母形成安全依恋，其中一个关键要素就是：父母自身要有能力反思自己和孩子的心理。这也是本书通篇都在强调的要点。孩子如果在幼年时期对其父母有过这种安全的依恋感,就更能理解他人秉持与自己不同的观点和立场。安全依恋体验与换位思考能力这一相关性甚至还体现于,那些擅长换位思考的孩子更受同伴欢迎,或更讨人喜欢。此外,孩子的换位思考能力与其社交技能之间的关系,比年龄与社交技能之间的关系更显著。对5岁以上的孩子来说,二者的关联性更强,因为那些能很好地理解他人想法和感受的孩子,以及那些能明白他人意图的孩子,与同龄人相处得很好,日后更有可能会和他们成为朋友。

那么,作为一名家长,通过运用反思性养育的方法,你就可以帮助孩子形成换位思考的能力,这对于他发展社交能力至关重要。通过这一过程,你不仅能帮助你的孩子成功拥有友谊,还能帮助他们有能力协商处理朋友关系中更为棘手的问题。所以,在你与孩子的日常互动中,你表现出越多的兴趣与好奇,即,从他的角度如何看事情,以及从别人的角度一般如何看事情(换位思考),那么,你将帮助孩子发展出全面的技能,包括学会管理自己的情绪,以及调节与朋友的冲突。我们想再一次提醒家长的是,你可以在与孩子每一天最普通平凡的互动中(一起看电视;聊各自一天的经历;一起玩耍和阅读)具体实践。下面这个例子将向你展示,当涉及孩子的朋友关系时,你可以怎样做:

山姆最好的朋友之一奥利来山姆家玩。他们在花园里玩,一起喝下午茶。山姆妈妈卡伦和奥利妈妈坐在外面喝茶聊天,山姆和奥利在玩蹦床。今天天气挺热的,奥利想只穿着T恤和内裤在蹦床上跳会很好玩,于是他就把外面的短裤脱了,准备回到蹦床上,可这时山姆把他拦住了,不让他上蹦床。山姆对奥利说:"你现在不能上来玩,奥利,这是我的蹦床,蹦床上一次只能一个人跳。而且,我家的规矩是:你要是只穿内裤,就不允许上蹦床玩!"奥利对他妈妈说:"妈妈,山姆不让我玩蹦床。"山姆听到后对奥利妈妈大声吼道:"这是我的蹦床,这是我家,我不想让他玩,他不穿短裤我就不让他玩。"山姆对他的朋友发脾气,如此小气,令妈妈卡伦感到非常尴尬,她对儿子说:"你让奥利上去玩,快点! 他来找你一起玩,你得让别人玩才行。"山姆听后变得更加执拗,他把蹦床的拉链拉上,不让奥利进去,奥利站在外面哭了起来。看到孩子这样,卡伦怒火中烧,尴尬无比,接着训斥山姆:"好,你要是这样小气的话,奥利以后就不让你去他家了,也不让你玩他的玩具和蹦床了。"一听这话,山姆气得不行,开始踢蹦床边沿,而奥利被关在蹦床外面,也开始哭着喊着要山姆放他进去。

这两个孩子都怎么了?"父母三步法"可以如何帮助卡伦来解决儿子与其朋友在本次玩耍中的冲突呢? 她先是命令山姆让奥利上蹦床玩,接着又批评儿子"小气",然后威胁说他以后不能去奥利家玩了,所有这些都是在加剧冲突,而山姆继续固执己见,拒不让步,奥利则更加难过,觉得自己被冷落了。卡伦心里想的一定是,儿子没有好好对待朋友,她也许还很担心,奥利妈妈会怎么看待她儿子的行为。当时她心里这些情绪太过激烈,使得她没能想一想,如果从山姆的角度看，当时的情景会是什么样的、他会有什么感觉，或者是什么使得山姆用这样的行为来对待他的朋友。接下来，让我们回到这个场景，重演一下这个故事，这次我们将换位思考的方法考虑进去：

山姆最好的朋友之一奥利，来山姆家玩。他们在花园里玩，一起喝下午茶。山姆妈妈卡伦和奥利妈妈坐在外面喝茶聊天，山姆和奥利在玩蹦床。今天天气挺热的，奥利想只穿着T恤和内裤在蹦床上跳会很好玩，于是他就把外面的短裤脱了，准备回到蹦床上，可这时山姆把他拦住了，不让他上蹦床。山姆对奥利说："你现在不能上来玩，奥利，这是我的蹦床，蹦床上一次只能一人跳。而且，我家的规矩是：你要是只穿内裤，就不允许上蹦床玩！"奥利对他妈妈说："妈妈，山姆不让我玩蹦床。"山姆听了后对奥利妈妈大声吼道："这是我的蹦床，这是我家，我不想让他玩，他不穿上短裤我就不让他玩。"山姆妈妈问儿子："是不是奥利不穿裤子让你不高兴了！"山姆想了想后吼道："不，我就不想让他玩我的蹦床，这是我的蹦床！"卡伦说："那这样吧，你们都脱掉，光着身子你们能玩一会儿。"山姆说："那我要先玩，这是我的蹦床。"卡伦尽力保持平静，说："好吧，你给奥利展示下你的开合跳怎么样，然后你过来跟我一起坐着，看看他会给你展示什么招式？要不问问奥利，看他觉得这样好不好？"山姆听了后很激动，说："奥利，想不想看我表演开合跳？然后你来玩？"奥利妈妈说："你们俩互相展示下各自的动作，这更好玩了，是不是？"不一会儿两个孩子又开心地玩在一起，嘲笑对方在蹦床上玩的小把戏。

## 共情

　　卡伦试着从儿子的角度看待这件事,并鼓励孩子看到,和朋友一起玩蹦床会更好玩。要是卡伦能从一开始就这么做,并且运用完整的"父母三步法",那么,无论山姆的想法对她来说多么荒谬,她都可能会共情到他的担忧——奥利不穿裤子就上蹦床来玩,这对山姆来说显然是十分重要的事情。当然,在这种情形下,想让孩子的行为符合社会规范,这是每位父母的本能。我们都想让孩子与他人分享、礼貌待人、考虑他人需求。问题在于:在尽力达成这一点的过程中,我们的方式可能会让孩子体验到羞耻感(说山姆很小气),或者威胁他们要拿走他们的某样东西(如不允许山姆去朋友家)。我们总是被自己的尴尬、愤怒、烦躁以及欲望牵着鼻子走,想让孩子做我们想要他们做或我们期待的事。不过,如果将我们的关注点做一点小小的转换——首先去关心、好奇并思考孩子内心真实的感受和想法是什么,就会有助于更快缓和局面,促成更好的合作。而且,通过向山姆展示出自己在试着从他的角度看问题,卡伦也就是在向山姆示范这是通常人际关系中的重要部分,这帮助山姆今后更愿意站在朋友奥利的角度来看待事情。一旦像山姆这样的孩子学会了运用"父母三步法"中同样的原则——关注、换位思考和给予共情来对待朋友,他们就会变得更善于社交,更受欢迎。

　　运用共情的方式有两种。在上述案例中,卡伦共情了山姆的感受——他的朋友想玩他的蹦床,但却没有(如他所见)穿着得体——从而能够让山姆对朋友友善一些。另一种运用共情来帮助孩子发展并维护友情的方式是,让他向朋友开放地表达自己的感受。当然,对小一点的孩子来说,你得向他示范怎么做,比如对他说:"哦,你要是把蹦床门关上了,奥利肯定会觉得自己被冷落了。"对大一点的孩子来说,你可以先在与他本人、你的伴侣(如果有的话)或他的兄弟姊妹的互动中向他示范,从而鼓励他表达他的情感。一旦你向他演示如何表达感受,很快你就会看到,你的孩子也在自发地这样做,这会成为他发展社交技能的过程中很重要的一部分。在前面雅各布和杰米的例子中,雅各布能共情杰米,理解他和家人一起度过假期有多无聊,他宁愿和朋友们一起度假,这种共情让他们之间更加亲近。当然,这种被人理解的感觉也是所有人际关系的基石,友情也不例外。

## 反思性养育总结
### 家人、兄弟姊妹和朋友

**反思性养育的立场是什么……**

反思性养育的立场指的是,在你与家人、兄弟姊妹和朋友相处的过

228

程中,反思生活中各种不同人际关系的方式,其中也包括反思孩子更大的家人、朋友圈里的关系。

### 它有助于你……

成为反思性父母,有助于变得更有觉察力,觉察到多个孩子、多位家庭成员的想法、感受和意图;也有助于看到,家里的每一个人,以及孩子更宽的人际圈子中的每一个人,都有各自不同的立场,这会让你反思他们不同的世界观。

### 它有助于你的孩子……

在家里运用反思性方法,能让你的孩子对其朋友和兄弟姊妹的想法、感受和意图好奇、感兴趣。这种好奇能帮助孩子了解他人的立场,从而帮助他维护友情。你在与其他成年人的交往中使用"父母三步法",就是给你的孩子示范如何表达关注、好奇心以及共情。

### 它有助于亲子关系……

在养育孩子时,你变得更有反思性,这能帮助你更好地与家人沟通,理解彼此的观点。轮流给予每个孩子同等的关注,会让他们感到自己受到同等重视,还能让你和孩子们更亲近,减少孩子之间的竞争。

### 请牢记……

1. 孩子会密切关注你和你的伴侣之间的互动和行为,孩子们也会以此为依据,期待你也以同样的方式对待他们。

2. 专心听孩子讲话,一次让一个人讲,鼓励他们轮流来,但要向每个孩子表露出你对他说的或展示出的内容都很感兴趣。你可以尝试"推迟"这种倾听方法,先让想说话的孩子知道你对其着急想说的内容很感兴趣,但当你在专注听另一个孩子说话时,让他(们)先等待一会儿,等另一个孩子说完了,再让这个孩子说。

3. 帮助你的孩子从他人的角度看事情,这将有助于他们善于社交,更容易与朋友和家人相处。

4. 在兄弟姊妹之间相处不错时,要特别留心注意,不过同时还要帮助他们解决问题和分歧。他们会在共同解决问题的过程中进一步学会换位思考。

5. 请记住,在家庭生活中,要同时考虑到所有人的想法和感受是不可能的。想尽力同时理解不同人的心理,真的是一件很难的事,正因如此,你要练习觉察自己的感受,还要练习学会管理和抱持你自己的感受。

6. 你对孩子心里面的内容有反思,这样他就能学会好奇其他人的心理,这也有助于他构建友谊和人际关系。

## 9　心智化美好时光

在开始思考你的孩子在做什么,思考你与他的关系时,你很容易就把注意力放在不顺利的地方——消极行为和困难时刻,因为这些正是你想改变的部分。现在,我们想让你把你的关注点切换一下,开始思考你与孩子间发生的美好时光,那些你们感到亲密和温暖的时刻,并突出强调他思考他人心理内容(心智化)的时刻。反思性养育,很大程度上是为了帮助你与孩子建立一种积极的、支持性的关系。这一关系本质上可以减少家庭中的消极行为模式——当我们不能思考自己和他人的想法和感受,进而导致误解不断增加之时,就会出现这些消极模式。不过,在你与孩子共享美好时光之时,反思性养育同样也很重要。在相处愉快时,如果你也采取反思性立场,他就会注意到你对他所做的事情感兴趣、有好奇心。这不仅会增强他的体验,还会增加这类互动再次发生的可能性。而且,一旦你的孩子在其人际关系中表现出了同样的反思性品质(比如,他对从别人的角度看是怎么回事表现出兴趣,并能理解别人的观点），而你注意到了这些时刻，那么反思性养育也会大有裨益。如果你注意到，孩子感激别人（尤其是在你们的关系中）理解了他的内心感受，此时，你可能立即就会看到反思性养育的好处。反思性养育还有许多长期的好处，可能目前难以看到，要等孩子长大一些，开始在与你之外的人际关系中变得有反思性时，才能看到。你可能会注意到，大点儿的那个孩子现在能对某些感受进行反思，而这些感受在他小的时候似乎还很难处理，这就证明你的反思性养育已经取得了成效。

训练自己去发现孩子表现好的时候，这其实并不总是自然而然就能做到。有的时候，我们会发现，自己在做出正面评论后，会接着做出一个负面的甚至是批评性的评论。比如说，7 岁的小男孩告诉父母自己把床铺整理好了，父母说："太棒了，杰克！那你为什么不能每天都这样做呢？"人们太容易盯着不完美的地方，甚至都没意识到自己在这样做。

## 在美好时光中进行反思

你走过客厅，可能看到孩子们在一起玩，你在沙发上坐下来，对他们说："看到你们俩在一起玩得这么好，我很高兴啊。"在你努力进行反思性育儿时，任何时候都有意义，都能提供重要的训练机会。每一次家庭互动，都有助于你思考自己处理问题的方式，觉察你自己的内心状态，并帮助孩子理解他为何有某种感受。当然，如果在家庭生活的每时每刻都这么做，可能也不自然。不过，可以试着有意识地思考,是什么产生了某种好的感觉或一系列好的行为。这一刻对你和孩子来说,感受如何? 是你做了什么才促发这种好的行为吗?

看到孩子玩耍,就是帮助他们培养反思能力的绝佳时机

> 这时候,试着问孩子这样的问题:"当你和你的兄弟/姐妹玩的时候,是什么感觉?"或者,"关于……你喜欢的是什么……?"
>
> 同时,在这些相处愉快的时候,你可以试着问自己这些问题:"我对……有什么感觉?"和"我对……的情绪反应是什么?"

在成人关系中,我们也常常错失表达机会。当我们的伴侣或朋友做了我们真正喜欢或感到开心的事情时,我们没有告诉他们其实自己很高兴,反而揪着他们的某些小错不放。其实当有人说我们干得真不赖,或者当我们精心打扮后出门,有人夸赞我们说看起来棒极了,那时候我们都明白这种感觉有多美妙。从浅层次上说,这些恭维话能让我们感觉良好,在更深的层次上,这些话还能建立起我们的自尊,帮助我们了解别人是如何看待自己的。这些也完全适用于你的孩子。有时候我们可能会觉得,在对某人真的感到高兴,或对某事感到满意时,将这种感觉说出来,实在有些难为情,甚至尴尬!但真的,有必要养成这样的习惯,因为这会对你的孩子产生强有力的积极影响。

马特从厨房出来,看到他的孩子格蕾丝和莉莉在谈论今天发生的事,她们你一句我一句,彼此倾听。他坐在沙发上想:"太好了,我可以休息两分钟了!"

格蕾丝和莉莉如何知道她们此刻正在做的事是有用的、是正面的呢?如果你不断关注孩子的不良行为,却把他们的良好行为视为理所当然,这会带来什么影响呢?当然,(马特)想抽空歇息一下,这绝对没问题,但在这样做之前,标识一下这些良好的行为和积极的互动,绝对是值得的。可以增加一些话语,将你所看到的孩子的内心状态标识出来。这些行为技术,你可能非常熟悉,比如表扬恰当的行为、忽略不当的行为,都可以用在这里。比如,我们来试试:格蕾丝和莉莉在谈论她们的一天,并且互相倾听,马特可以说:"你们俩真的在互相倾听,非常好!有人对你的一天感兴趣,这感觉不错,是吗,孩子们?听到你们这样相处聊天,真好!"或者,马特可以问其中一个孩子,当被问及自己当天的情况时,感觉如何。

你对孩子进行这种观察——一边观察他们在做什么,一边试着揣摩他们在做这些时的内心感受,并且告诉他们你对其行为有怎样的感受,这样一来,你就是在向他们示范——如何注意到人际关系中的美好时光,如何对别人的观点感兴趣。在每天的日常情境中,当你注意到积极的互动时,养成提问和对话的好习惯。例如,在关于课堂活动的谈话中,你可以试着询问孩子他和老师之间的互动:"你觉得老师为什么会先选你呢?"或者,当你带孩子参加朋友家的聚会时,你可以问:"你觉得杰米看到你带着给他的礼物,他会有什么感觉?"

## 如何充分利用美好时光?

和处理孩子的挑战性行为一样,要想充分利用美好时光,就要先把你心里的内容捋清楚,首先要确保别的强烈情绪不会让你分心。这会让你与孩子拥有美好的相处体验。你可以明确表达自己的感受——让他知道,你很享受和他在一起,享受你们正在一起做的事情。一开始可能会觉得有点奇怪或不自然,毕竟我们大多数人真的都不太习惯这样做。但一旦开始尝试,并逐渐养成习惯,很快你就会发现,孩子是多么乐意你这样做!而且还会发现,这能鼓励他思考某些情境下自己的感受如何。比如,孩子临睡前,你可以告诉他,你们一起阅读,互相亲吻道晚安,这种感觉有多美妙;或者还可以告诉他,当他拥抱你而你也回抱他时,你感到多么幸福;或者,你还可以告诉他,你在看他玩耍的时候,感觉有多高兴;或者告诉他,你们一起去看足球比赛时,你度过了多么快乐的时光……这类情况不胜枚举,不过请放心,对正向的反馈孩子们永不嫌多。当父母以一种赞赏的方式谈论他们时,他们真的很喜欢。尤其是这些对话鼓励他们与父母建立强健的情感纽带,并且,还表现出父母对他们的想法和感受的兴趣和欣赏。即使发生了什么糟糕的事情,你仍然可以说:"虽然我们刚刚经历了不愉快,但爸爸妈妈仍然爱你。"

# 家庭中的美好时光

家庭生活会有很多手忙脚乱的时候,但忙乱之中也有诸多乐趣。除了要注意到你与孩子什么时候相处融洽以外,同样重要的事情还有,要留意和评论整个家庭中的美好时光,尤其是家庭成员相互心智化的时候。

卡伦坐下来吃晚餐,她注意到3个孩子正在讨论他们今天在学校的见闻。大女儿玛蒂对弟弟山姆说:"那么,你今天烘焙课做了什么? 是不是和我们一样在做泰国菜?"山姆回答说:"不,我们做的是馅儿饼。不过泰国菜听起来更有意思。你和伊尔莎、莎妮一起做菜的时候是不是很开心?"玛蒂笑着讲她们在食物中放了太多辣椒的事,弟弟妹妹和妈妈卡伦听了都笑得前仰后合。卡伦评论道:"玛蒂问山姆今天做了些什么是非常好的一件事情。你们像这样对彼此的生活感兴趣,该种感觉是不是很不错呀? 我很喜欢和你们3个一起这样吃饭聊天。"

## 不知道和好奇

对与孩子相处的美好时光做反思性评论,非常重要的一点是,你要清楚地表明,你并不确切地知道他的内心感受,而是谈论你认为的感受,让他们来带领你。你可以这样说:"让我核实一下看看我想的对不对……你今天想玩汽车,因为你上次画画时觉得太无聊了,对吗?"通过这种方式,既表达了你并不确定孩子在想什么,同时又给了他一个机会，让他来告诉你他心里的真实想法，而且，你还向他表明了你对他那时的想法或感觉真的很好奇。

你也可以当着孩子的面，和你的伴侣一起做这个练习，这样你们就能向他们示范同样的观念，即我们谁也无法知道别人脑子里每时每刻在想什么，但我们可以试着去猜测。示范时，一定要展现出我们很好奇他的心理感受。因此，你可以在家里其他人面前，对你的伴侣说类似这样的话："你哥哥没有邀请你参加他的生日聚会，我无法想象对你来说是什么感觉。你是真的很难过呢，还是觉得这没什么大不了的？"在这段话中，你表明你并不知道你的伴侣心里的想法，但你有兴趣去了解，这会对你伴侣的感受产生很大影响。

对于年龄较大的孩子，不仅要让他知道你对他的内心怀有好奇，同时也要确认他的正面情绪，你可以这样做：

卡伦注意到，玛蒂放学回家后，已经坐在桌前一个多小时了，她一直在写法语作业，于是卡伦坐到她旁边，说："我无法想象，你们现在有这么多家庭作业是个什么感觉，昨天晚上你的法语作业那么多，我真的很心疼你。你花了那么多时间在上面。你的努力和专注真的给我留下了深刻的印象。你这么努力学习，妈妈相信这门课你一定会考得很好……"

当你的孩子从某件事情中获得极大的乐趣，并向你展示他的感受时，试着确认这种感受，使用贴合他体验的神情和语调。比如，当你看到孩子在一叠垫子上蹦蹦跳跳，他看着你，咧着嘴笑，可以这样回应以确认："这看起来太有趣了！你真的很享受在这些垫子上蹦蹦跳跳，是吗？"或者，对于大一些的孩子，比如他和朋友一起去商场购物回来，心情很好，你可以用一种温暖友好的神情和语气告诉他："很高兴看到你和朋友们玩得这么开心。你看起来真的很愉快，亲爱的。"

# 在游戏中进行反思

为什么玩耍对你和孩子的关系这么重要呢？因为所有的孩子都喜欢玩，而且玩耍是他们早期学习和发展技能的基本方式。你能与孩子相处愉快的最佳时机之一，就是你们一起玩耍的时候。然而，一起玩耍并不总是能完全按照你们期望的方式如愿进行。比如下面的例子：

"妈咪！你可以和我一起玩汽车吗？"

6岁的查理抱着一个大盒子来到楼下，盒子里有将近30辆玩具车，他抬起头，期待地看看妈妈丽沙。丽沙正打算开始做晚饭，同时她真是累极了。她一上午都忙碌于其他工作，下午3点接查理放学，现在还有一堆事情要做："也许要等一下，查理，我得先处理几件事。你把它们拿出来，先自己开始玩。我马上就来。"

查理把盒子里的汽车倒了一地，怒气冲冲地说："你从来都不想和我玩，妈妈！"他跺了跺脚，之后去找爸爸的iPad，这样他就可以自己在上面打游戏了。

如果这个场景听起来很熟悉，不必担心，因为这并不是你一个人才会遇到的情况。许多父母都发现很难抽出时间和孩子一起玩，原因五花八门。丽莎的情况是，她觉得自己还有其他事情要做——她必须为家人准备晚饭，而且家里很乱需要收拾。也有可能她还沉浸在上午工作中的一些思绪里，所以她有些心事重重。然而，从查理的角度来看，"马上就来"这句话他显然已经听过很多次了，而他一听就知道，这句话往往意味着"不可能一起玩"。于是，他有点儿郁闷，就去找iPad自己一个人玩去了。

这里可能还有别的情绪也在起作用。作为成年人，有时候我们会觉得真的很难对孩子想让我们一起玩的那类游戏感兴趣。很多父母都很难承认，更别说向别人坦言，要让自己在地毯上推一个多小时玩具汽车，真的很无聊。因此，关键是找到某种方式来玩，既让你这个成年人觉得有意思，又让孩子觉得好玩；这样你们俩才能建立更好的联结，而游戏才能成为双方都享受的事情，才会有助于孩子的发展。玩耍不必一定是玩某个特定的玩具或游戏。如果你在日常琐事中注入幽默感、玩耍和活力，你就会惊讶地发现，哪怕是帮你把衣服放进洗衣机或者帮忙做饭，小孩子也会觉得很有乐趣。大一点的孩子也能参与一些做饭和整理花草的事。不过，由儿童发起和主导的游戏，次数少点没关系，对他们来说都是一种真正的享受，也是建立特别的情感联结的机会。丽莎可以这样回应查理："那我们玩10分钟汽车，然后你帮我超级快速地做好饭，怎么样？"这表明你重视这两个活动，你们俩的事都很重要。

# 在游戏中尊重孩子的自主权

当你和孩子一起玩耍时,要降低父母惯有的控制欲,这一点很重要。最近的一项研究发现,如果母亲高度控制孩子们玩耍,孩子就不太可能参与。和孩子一起玩时,如果你能尊重孩子对于自主性的需求,那么你也就是在和他们建立好的关系,这样孩子对你的看法也就会更正面积极;在童年后期以及进入青春期后,他们也会更尊重和回应你的观点,在需要规则界限时,一旦你设定,他们也会更好地遵守。

## 假扮游戏对儿童发展的重要性

一项研究探讨了儿童游戏背后的心理,十分有趣。研究发现,儿童参与假扮游戏的能力,与其理解他人的感受和观点的能力水平之间,有着重要的关联。研究表明,父母越多与孩子谈论他们互动过程中的感受,孩子就越有可能参与到"假扮游戏"当中。反之亦然,孩子参与假扮游戏也让他们有能力理解他人对事物的想法和感受。这项研究还表明,在与孩子一起玩耍时,谈论在你的想象中孩子会有什么样的感受,会令他们想象性的游戏得以扩展,而这无疑会让你们俩都乐在其中。

和孩子一起看电视节目,就是讨论别人观点的好时机。同理,借着想象性的游戏也可以谈论他人的想法和感受。比如,你和3岁的孩子一起在玩他的洋娃娃,此时你们可以聊一聊洋娃娃可能在想什么、感觉到什么、在做什么;你也可以想一个游戏,比方说,在游戏里,假装洋娃娃们都是魔术师,他们来到孩子的卧室,把它变成了神奇的王国。孩子看到你参与到他的想象世界中,他会获得极大的快乐。不仅如此,你还帮他学会了如何理解他人,这对他现在和未来的社会生活都大有裨益。对于大孩子而言,可以玩飞镖,或者在电视机前假装唱卡拉OK,假装你们俩是明星正在相互PK。要是孩子不觉得太过尴尬,你们还可以搞笑地模仿那些明星的腔调和姿态。

## 让游戏既有趣又有益

想想你自己的童年,还记得和父母一起玩的情景吗?比如捉迷藏、下棋或者其他你们都玩得开心的游戏?有可能你的父母并没有很好地参与进来和你一起玩耍,而是让你自己玩自己的。如果你能记得与父母一起玩耍的场景,那么毫无疑问,你也就记得这些场景带给你与父母的亲近之感。无论是家庭度假时在沙滩上嬉戏,还是和爸爸或妈妈一起玩小火车,这些童年记忆中的共享时光,在我们成年后的脑海里闪闪发光。游戏还让我们可以拿自己逗乐,而且,拿自己以及自己的行为开玩笑,往往可以缓解紧张情绪,增进彼此的正向感受。

玩耍还有很多别的好处,其中重要的是,它对于孩子们的成长所起的作用。玩耍是学习的催化剂,因为通过玩耍,孩子们能理解自己的经历,表达想法和情感。游戏还为孩子们提供机会,培养和练习技能,如自我控制、轮流说话、遵守规则以及提高记忆力等。演练和探索成人角色(如做饭、修车),有助于他们走向独立,也是体验别人感受的一个机会。而且，孩子们参与互动游戏也有助于他们构建关系。游戏有很多不同的类型，比如，涉及大量身体运动的户外游戏、室内的建造类游戏、假扮游戏、创造性游戏，所有这些都有助于儿童培养各种各样的技能，如攀爬、平衡、奔跑、跳跃和握笔能力，以及解决问题的技巧。当然，经常开展户外游戏，除了对孩子身心健康有好处（释放内啡肽、增强积极情感），还能鼓励父母积极运动，让全家人都养成健康的生活习惯，增强体质。也许最重要的是，父母和孩子一起玩耍能增进关系，加强家庭纽带。玩耍的另一大好处是，某些事情可能会引发焦虑，令孩子烦躁不安，而玩耍则提供了排练和反思的机会。比如说，与孩子玩上学游戏，会帮孩子探索他在学校里可能会产生的压力感等问题。

玩耍的好处众所周知。不过，随着孩子们慢慢长大，一起玩的机会也随之减少，因为他们可能更多地参与到有计划的、结构化的学校活动中，或者沉浸在自己的电子设备里。的确，跟大一点的孩子在一起，你可能会有与学步儿在一起时相反的体验，你会发现是自己想和他们一起玩，而不是他们想和你一起玩，因为他们更喜欢抱着某个设备自己玩。虽然让大一点的孩子一起参与到互动游戏中来很困难，让人感觉像是一场失败的战斗，但还是有些办法可以让小孩子、大孩子都参与进来。对于年幼的孩子来说，更多的是要确保你能和他们一起做某些事情；而对于年龄大些的孩子，就可能是安排一个"家庭半小时"活动，一起观看某个喜欢的节目，一起出去吃顿饭，或者玩一个老少咸宜、每个人都觉得有意思的游戏。同时，你可能还不得不限制孩子使用电子设备的时长和次数（比如,吃饭时间不能玩、睡前不能玩)。

鉴于有时候要让孩子参与进来相当困难,如果想让一起玩的体验变得轻松愉快些,最简单的办法便是,从孩子感兴趣的事情中找到线索,跟随他们,玩他们喜欢玩的游戏。与孩子一起玩耍,将有助于你们建立牢固的情感联结。孩子的成长过程将有赖于这一联结,而且这也很可能会给他留下终生难忘的记忆。一位爸爸特别提到,在忙了整整一周的工作之后,或者在和自己的朋友相处之后,他很难在周末"打起精神玩孩子的游戏"。他反思道,只有在他感到心态积极平静,有时间去玩,有心理准备,而且还能管理好自己的情绪时,他才能和孩子们开心地玩耍。其实,他所说的这些,正是我们在本书中通篇都在谈论的那些要素。重要的是,如何首先觉察到你自己的情绪,摆正心态,然后才能进入孩子的世界,才能够更多关注到他们,多从他们的角度去看事情,最终你才能共情到他们的体验。

那么,如何才能让玩耍对你和孩子都有帮助呢?回想一下"父母三步法",你需要先确保自己的心态足够平和,才能注意到孩子的内心世界里发生了什么。当然,说起来容易做起来难。想象一下这个情景:在送孩子走路上学的途中,他告诉你,他被选为班上的"生态"委员,他想在上学路上和你一起数蜘蛛网。然而就在5分钟前,你收到你妈妈发来的短信,正让你心烦意乱,你怎么可能有心思在上学路上陪他玩数蜘蛛网的游戏呢?如果你事先准备好陪他玩游戏,可能会感觉轻松一点儿;反之,就算是你知道这会让孩子很开心,你也很难打起精神来做这个事。不过,如果你能识别出自己此刻的感受，并能将这些情绪放到一边，哪怕只是陪他玩5分钟，孩子也会从中获益，因为你进入了他的世界；相反，如果你忽视他的请求，之后他可能会生气，甚至产生不良行为。相比之下，投入地玩这5分钟，会让送孩子去上学的过程变得愉快很多。

## 与孩子愉快玩耍的小妙招

•提前规划游戏时间——比如，告诉孩子，晚饭后6点左右你们会一起玩。确保约定的时间你有空。

•试着自然地参与互动，一起玩耍就不会是件苦差事。

•尽量玩你擅长的游戏，如果你擅长艺术和手工，不喜欢闹腾，在玩不适合自己风格的游戏时，不要感觉有压力，但要尽量融入其中。

•尝试让孩子主导游戏。比如告诉他："玩的时候你来负责。"这样做不仅能减轻你的压力，也可以给孩子控制感和责任感，还能让他觉得你信任他、尊重他。

•兑现你的承诺——如果你说过要做什么，那就一定要做，即便只多花一点点时间。

•专注于此刻，思考孩子心里在想什么。比如，你和孩子坐在一起玩游戏，你就需要有意识地努力抛开其他事情，专注于你和孩子之间当下的愉快时光，以及游戏的所有细节。或者，举例来说，如果你们在沙滩上玩堆沙堡，那就把心思放在堆沙堡上，将所有外在影响都置之脑后。

•孩子会注意到你的表情和言行举止。如果你们俩在游戏中都玩得开心，你的热情就会感染他，他也会因此而感到兴奋，而这会让你觉得自己是个好父母，获得了孩子的认可。

•如果你真的觉得很难进入孩子的游戏世界，不要气馁，请记住，这需要练习。试着从简单的活动开始做起，比如一起阅读，玩一些孩子喜欢的玩具，或者只是去户外做一些你们都喜欢的事情，比如踢足球之类。

•循序渐进。就像在健身房训练一样，先从10分钟的游戏开始，逐渐增加你们一起玩耍的时间，这样就能增加你的耐心，玩得更久。

•在你心里有事或情绪不佳的时候不要安排亲子游戏。换句话说，在开始与孩子玩游戏之前，先管理好自己的情绪，并且告诉他，你需要先从自己的事情上"冷静冷静"才能开始跟他玩。

还有一些方法可以帮助你避开玩耍的雷区：

•保持全神贯注与孩子玩耍，不受打扰，哪怕每天只有10分钟，也比大部分时间不理孩子，断断续续地"参与"几个小时要好很多。所以，给自己设定一个现实可行的目标，规划你们有多少时间可以在一起玩耍。不过，一旦设定了这个目标，就需要信守承诺，将所有其他事情都放到一边。

•有的时候，孩子显得跟你有些疏远，他自己玩得很开心，或和其他孩子玩得很开心。这时候，一定不要去打断他们，或者去主导他们的游戏，这很重要。如果要去，必须先问问他的意见，得到他的同意。

•如果在你的成长过程中，你的父母很少跟你玩，你可能会发现,和你的孩子玩不太自在,要参与游戏也相当困难,这就有点像你从没进行过体能训练,却要一口气跑10公里一样。去健身房做练习能让你提高体能,同理,练习亲子游戏,假以时日,也能帮你跟孩子玩得更轻松自如。不妨在日常生活中引入游戏,比如,在孩子学步期,你可以在给他换尿不湿时玩躲猫猫游戏;学龄前,可以在做早餐时玩猜谜游戏;上了小学,可以在给车加油和洗车时,玩修理工游戏;等到孩子再大一些,你们可以在自驾游时玩车牌拼词游戏。

•有的时候孩子会不想玩,因此在你们一起玩的时候,你要跟随他的兴趣、关注点和需求进行调谐。也就是说,要站在他的角度、通过他的眼睛来看事情。当他感觉到你在这样做的时候,无论当时在玩什么,他都会觉得更有意思。因为他得到了你全然的关注,而且他还会觉得,你看待这个游戏的方式跟他一样。

•游戏过程中难免会有失败,会感觉不公平,或者在游戏没按孩子想要的方式进行的时候,他就会有挫败感。这时候要共情他,要注意把这种糟糕的感觉言说出来;同样的,当孩子把他所有的泰迪熊都打扮好准备参加泰迪熊聚会时,或者当他和朋友们兴奋地玩假扮游戏时,你也要共情到他那种"棒极了"的感觉。

## 别做得太过

现代育儿的一个弊端,就是父母总觉得必须要为孩子提供"娱乐活动",用课外活动塞满他们的饭后时间,用旅行、儿童聚会、运动、音乐、戏剧等填满他们的周末。虽然在某种程度上,这些活动对你的孩子确实重要,但让他们学会玩耍和发挥想象力,也同样不容忽视。其实什么都不做对他们也来说,也大有裨益。

当你和孩子在一起的时候,他是否看起来心不在焉,他有时候就是在开小差? 我们往往为此有点过于着急了,担心孩子不听话,注意力不集中,或者没有利用好时间做有建设性的事情。而实际上,孩子的这种行为不仅是正常的,现在科学家们甚至还认为这是必要的。

人的大脑有两个"注意力"系统。一个用于专注执行任务,另一个则用于"走神",也就是所谓的"白日梦"。正是这第二个系统产生创造力,提高孩子解决问题的能力。太多的课外活动反倒会对大脑造成干扰。相反,应该确保在孩子的一天当中,有一段时间根本什么都不用做,只是放空大脑,让思绪游荡,这一点很重要——你不必一直为孩子忙前忙后或跟他互动。而孩子们拥有太多电子设备,反倒意味着很难让他体验这种"大脑放空、什么都不做"的状态。就像蹒跚学步的幼儿需要学习自我安慰的技能一样,孩子也需要体验"宕机"时光,甚至是无聊时光,这样他们才能学会管理这种状态并自我激励。

## 抓住孩子的反思时刻

你的育儿方式会塑造你的孩子,教会他反思自己的人际关系。他正从你身上学习运用"父母三步法"的品质——关注、换位思考和共情到自己和他人的想法和感受,这让他更有能力从内在去理解他人的行为,理解行为背后的原因和动机,从而帮助他与人相处。

那么,你怎么知道你的孩子正在反思自己和他人? 有什么证据表明你的反思性养育正在对他起作用呢? 以下关键时刻和重要线索,能表明他正在进行心智化,正在培养理解自己和他人的能力。如果你注意到孩子开始以反思的方式行事或说话,你该如何鼓励并强化他这种能力,帮他看到这种品质带来的好处呢?

## 留意你的孩子正在反思

关注、换位思考和给予共情,在你与孩子构建关系时很重要。同样,运用这三个心理品质,有助于在孩子反思自己和周围人的心理时,你去注意他的言行举止。

### A——保持关注和好奇

孩子在反思的时候,首先你可能会留意到:他注意到了自己的感受,并且还能将其感受与发生在自己身上的事情联系起来。下面的例子中,山姆正在跟他妈妈说有关爸爸的事,他非常生气。

山姆一直想把放学后和朋友们在公园踢足球时发生的事情告诉爸爸。然而,爸爸关注的重点却是,山姆把球服球鞋扔在走廊上了,他要求山姆去收拾好。山姆跑去和妈妈卡伦说这件事带给他的感受。

山姆对妈妈说:"他真蠢,他总是做伤害我的事,他根本就不在乎我的感受,一点儿也不关心我! 我讨厌爸爸!"

卡伦听着,心里很同情山姆因爸爸不问比赛而感到受伤。她脸上流露出同情，但没有说话，而是等着他说下去。

突然，山姆犹豫了一下，大概有一秒钟，他说："我不知道，感觉真的很困惑。我就是觉得我对他的感觉太复杂了。"

这里有一个重要的细节值得关注。山姆表现出，有那么一瞬间，他能够后退一步，注意到自己正体验到一系列复杂的情绪。他能够暂停，说出对亲近之人的复杂感受——既爱一个人，同时又觉得这个人令自己气愤，让自己受伤。这种觉察，会让他的感觉不再那么强烈，还让他意识到，自己无法理解父亲的行为。

再举一个例子。格蕾丝和她妈妈瑞秋，刚从"睡前风波"中消停下来。格蕾丝对抗瑞秋，对妈妈要她穿睡衣和刷牙非常不满。而瑞秋一整天都在照顾自己的父母，这一天已经很艰难很漫长了，现在，她发觉自己越来越烦躁。她知道，自己正在将消极情绪带到和格蕾丝的互动当中，而这很可能会让事情变得更糟。果然格蕾丝对瑞秋极为生气，她情绪失控，推了瑞秋一把，还打了她一下。最后，瑞秋还是设法让格蕾丝在床上安静下来。她坐在格蕾丝身旁，抱了抱她，然后问道：

"感觉好点了没？"

"嗯……好一点。"

"嗯，太难了，是吧？我都觉着心力交瘁了。"瑞秋再次抱了抱格蕾丝，问道："那你现在好些了吗？什么让你觉得很难受？"

"我真的对你很生气。"

"啊，我知道你生我的气，我也很生气。"

**"你说要关电视的时候，我真的很生气。"**

在这个情境中，有意思的是，在妈妈温暖地拥抱格蕾丝之后，她能够说出之前自己的内心感受——因为妈妈想把电视关掉，所以她感到很生气。看上去，她也真的对自己的感受感兴趣，这一点通过她和妈妈谈论刚才发生的事情就能看出。而且，好像她也对妈妈的观点好奇。这些迹象都表明，格蕾丝在试着理解自己，尤其是她内心的情感世界，以及她的感受对行为的影响。

从前面两个例子中可以看到，无论孩子处在哪个年龄阶段，他们都在关注自己的心理状态，并说出自己的感受。关键不在于山姆和格蕾丝得出的结论是对是错，而在于他们的好奇心——好奇于心理如何运作，以及为何自己会有某种感受。孩子对自己的情绪状态感兴趣，也对这种情绪状态跟情境有何关联感兴趣，这是他们出现反思能力的一个重要表现。这种表现方式可能很简单，简单到就像某一天，你的孩子说"我真的很难过"，起初他可能就只是这么简单地说了句，并非有多深的洞察力，然而这恰好表明，他意识到了情绪的重要性。

你可能会注意到，有的时候，你的孩子对他人也有真切的好奇。比如，他可能会直截了当地问，某人为什么要那样做，或者他也可能自己主动提出别人为何那样做的假设，而这表明，他在思考他人以及其行为的原因。比如下面的场景：

查理放学回家后，说起了和麦克斯之间发生的事情。麦克斯是班上新来的男生，刚转到查理所在的学校。那天早上，麦克斯对

查理和查理的朋友们非常霸道,总是要求大家按照他的规则玩游戏。查理对妈妈丽莎说:

"妈妈,麦克斯实在是太霸道了,我根本就不想玩他的游戏,但我还是玩了。"

丽莎问:"真的吗?那你不想玩,为什么还是玩了呢?"

"因为麦克斯是新来的,我不想让他难过。他为什么那么霸道呢?我觉得那是因为他想交朋友。"

"有可能,查理,你为什么觉得他是因为这个原因才霸道呢?"

"也许只是因为他想交朋友,又担心交不到,所以就更霸道了。"

可见,查理表现出了对麦克斯的好奇心,而且已经开始思考他为什么霸道了。他愿意去发现可能是什么在影响麦克斯的行为,而不是简单地认为"他就是个霸道的男生"。查理很好奇,他想更多的从内心角度来思考麦克斯的外在行为。

### P——换位思考

你可能也会注意到,孩子会从不同的角度来理解自己为何会以某种特定的方式来行事,为何会有某个特别的感受。回到第一个例子,格蕾丝和妈妈瑞秋正在谈论她们刚才的"小风波",瑞秋打算继续这场对话,她说:

"也许是我说要关电视让你生气了,不过想一想呢,在我关电视之前,好像你就已经挺生气的了。"

"呃,我也不知道当时为什么生气。"

"我们一起来想想，怎么样？今天是星期五，所以，我猜，你这忙碌的一周要结束了吧？也许你觉得累了？又或者是学校里发生了什么事，让你觉得有些不开心？"

"我累了。"

"是吗？"

"有的时候，累了就会觉得更生气，我觉得就是这样，妈妈！"

"嗯，也许吧，我知道我累的时候脾气也比较暴躁。"

把这个场景分解一下，就会看到，里面出现了很多值得借鉴的东西。在与妈妈的互动中，格蕾丝体会到：理解感受很有用，很重要；与妈妈一起去理解感受感觉不错。同时，妈妈也表现出她对女儿有何感受，以及为何有这些感受的兴趣，但她并没有说出口，而是提供了一些选项，这就很有用。因为让孩子看到你对他有好奇心这很重要，但如果你去做一个"读心者"，又可能会让孩子（以及成年人）心烦，这会让人觉得，就像是别人在告诉他们自己内心的想法是什么，而这往往并不符合他们真实的内心感受。在格蕾丝的例子中，我们可以看到，关于为何比平时更生气，她的看法正在逐渐改变。她正在学会转变角度来看待自己的想法和感受。在你自己的生活中，也很有必要反思一下这一能力，想一想，在与朋友或伴侣相处时，什么时候你能发现自己可能反应过度了。在你的情绪"温度"过高，并因此影响到你的行为时，能够注意到自己处于这样的状态之下，非常难得，也很不容易。随着时间的推移，格蕾丝逐渐就会觉察自己的想法，并觉察感觉对行为的影响，这对她的人际关系会有帮助。比如,在现在和未来的人际关系中,她会更容易在误会发生后进行弥补,以确保在困难时期关系还能维持下去,这样她就能建立稳定的关系,减少关系破裂的可能性。说得更具体点,如果格蕾丝在学校里与朋友发生了分歧,她就可能会在事后反思自己对朋友所说的话有哪些反应,并回到朋友那里,去做些弥补。

反思性养育也会塑造孩子的另一个能力,即看到别人的观点和角度。注意到这一点,与注意到他能自我反思一样重要。在和孩子一起阅读时,就是一个好机会,你可以与他讨论故事中的人物,以及这些人物为什么会以某种方式去行事,这样,他就可以从他人的角度看事情,避免对别人的行为妄下结论。简单的换位思考在孩子成长的早期就能产生。

艾拉正在听睡前故事,故事讲的是一位公主和她的国王父亲。故事中,国王禁止他的女儿跳舞,不让她和朋友们参加聚会。艾拉的母亲停下来问道:

"我好想知道,国王为什么不让女儿和朋友们一起去跳舞呢?"

艾拉立刻抢答:"因为国王自己不喜欢跳舞!"

究竟这是不是国王不让女儿跳舞的原因呢?我们尚未可知。但这却是一个4岁孩子相当典型的反应,说明她能够从国王的角度去思考问题。又例如,丽莎让丈夫乔恩在下班回家的路上去买礼物包装纸,因为那天是她母亲的生日,第二天她母亲一早就会过来,丽莎需要提前把礼物包装好。然而乔恩进门时,却没有带包装纸。丽莎问道：

"纸呢？"

"哦！我完全搞忘了！"

"我真不敢相信，乔恩，"莉萨说，"我就只叫你带一样东西，你都不带！你一点都不关心我妈，是吗？"乔恩沮丧地上楼去了。儿子查理听着这番对话，觉察到妈妈的情绪不好，便说："我想爸爸今天真的很忙，妈妈。他一忙起来就会忘事儿。"

在这个例子中，查理既表现出理解妈妈的感受，又对爸爸为什么忘记买包装纸给出了一个不同的解释。当你注意到孩子有这种能力时，就说明他越来越能觉察到，人们是以不同的方式来看待事物的。

### P——给予共情

想象你曾经度过的艰难一天——你觉得被一个好朋友给数落了，正感觉情绪低落。这时，你觉得应该得到（来自他人或自己的）安慰和支持吗？你会不会拿一条毛毯，端一杯饮料，蜷缩在沙发上看一部喜欢的电影，为自己感到难过？你体验难过的感受以及忍受这些感受的能力，主要来自童年时期与父母相处的经历。这种自我支持的方式，是一种处理情绪的健康方式。为了让这些经常发生的日常经历不那么痛苦，你需要少一些自我批评，学会自我安抚。就像你会安抚自己一样，反思性养育的方式也在向你的孩子传达同样的信息，即他的感受是重要的、可控的，他值得你共情和支持他。随后，你可能会慢慢注意到，孩子也能以这样的方式对待自己——他能共情和同情自己,这就是心智化的标志。这标志着你的孩子能够从外部感受自身和自我情绪。我们来看看下面的例子:放学后,莉莉和爸爸聊天,莉莉说她的朋友们不想和她玩,她告诉爸爸说这让她很伤心。临睡前,莉莉躺在床上,爸爸马特说:

"嗯……莉莉,我想你今天可能很不开心!"

"是的,爸爸。你可以再给我来个大大的拥抱吗?""当然可以,莉莉。你肯定需要一个!"马特给了女儿一个大大的拥抱,接着说:

"明天是新的一天,我爱你,宝贝!"

他看见莉莉窝在被子里,紧紧依偎着她最喜欢的泰迪熊。

这种自我安抚或寻求他人安抚的能力,确实能够帮助我们应对生活中的重重逆境。具备了这种能力,我们便更有能力管理自己的想法、感受和行为,对自己抱有同情心。而对于孩子来说,他也将更有能力忍受痛苦的情绪。当他的人际关系出现问题,他也不会感到糟糕透顶或过度自责,而是有能力采取有效措施及时弥补。

你可能还会注意到,你的孩子也能够共情他人。例如,查理正和丽莎讨论他的7岁生日派对,谈论他想邀请谁,想玩什么游戏。妹妹艾拉也在旁边。查理突然说:

"我会得到很多礼物,对不对,妈妈?"

"是的,会的,因为有很多人要来。"

"可是艾拉怎么办……你能不能给她也买个小玩具车呢? 不然她会难过的。"

"你想得真周到,你还担心妹妹被冷落。"

这一画面实在让人印象深刻,查理成功地把注意力从他自己的兴趣和兴奋之处,转换到了妹妹的角度。不仅如此,他还能感受到在他的想象当中妹妹的感受是什么,他将共情带入到了和妹妹的关系当中。不久,同样的品质也出现在他与你的互动当中——在你说头疼的时候,虽然你没和他一起玩他很失望,他也给了你一个拥抱;或者,在你下班回家时,他给你留了一颗糖。

玛蒂邀请了几个朋友参加她的生日派对,并在她家过夜。她在屋里兴奋地跑来跑去,激动地喊着,说他们都要来,他们晚上要吃什么零食,要看哪部电影,等等。这时,她看到山姆低着头,抿着嘴。于是,玛蒂说:"山姆,我希望你不会因为我们晚睡而感到被冷落吧?你要不要明天早点和我们一起出去玩,然后你还可以和我们一起去滑冰?我不想让你觉得自己被冷落了。"爸爸汤姆对玛蒂说:"你真体贴,你为朋友来过夜而兴奋,同时还能考虑到弟弟的感受。"

### 帮助你的孩子培养反思能力

当你留意到孩子对他自己以及别人的心理感兴趣的时候,你该做什么呢?虽然我们并不期望每个父母都成为治疗师,但在你注意到孩子在反思时,确实有些行之有效的策略,可以帮你做出正确的反应。在很大程度上,你的反应将取决于具体情形、孩子的年龄以及事情的重要程度。请记住,如果你对孩子的看法好奇,感兴趣,那么,下面这些策略或提示,其实你自然而然就会想到:

A. 评论你所观察到的情形

B. 扩展和好奇

C. 说明你喜欢的品质，或解释这个品质为何重要

### 评论你所观察到的情形

一旦留意到孩子正在反思，你就可以对此进行评论，这样就可以强化他的行为，帮他留意自己正在做什么，并且让他看到，你认为他的行为重要而且有益。下述方法可供你参考：

"我看到你真的在思考你的感受。而且，你告诉了我你的感受，而不是冲我大喊大叫，这很好！"

"哇，你真的在思考(这件事)，对吗？"

"你尝试弄明白这个情况，你这样做的时候，让我刮目相看。"

"当你问我对那件事的看法时，我真的很有兴趣。你当时停了下来，想到了我。我想，你是想知道我的想法的，对吗？"

"你好像越来越善于让自己先冷静下来，想一想你想说什么，而不是直接发脾气。"

### 扩展和好奇

你可以继续采用"父母三步法"，深化你们的互动。当你感觉到孩子很乐意多聊一聊某个事情，你就可以试着进一步问他，为什么会有这样或那样的感受？从他的角度看问题是怎么样的？他或你可能会有什么新的见解？这样就可以从他的角度看事情。试着用一种富有表现力、感兴趣的声音来表现出你的好奇心，这能够帮助孩子更愿意敞开心扉和你一起探讨各种问题：

"噢，是什么让你这样想的呢？"

"当你意识到这一点的时候，情况看起来有什么不同吗？"

"你现在感觉如何？"

**说明你喜欢的品质，或解释这个品质为何重要**

例如，向他说明，你为什么喜欢他以某种方式来思考，这可能会很有帮助。你可以解释，为什么他处理问题的方式对你来说很重要，以及这种不同的思考方式——为他人着想的能力——可能会在他发现自己陷入困境的情况下，帮他想出不同的解决方案。我们回到前面的情境，查理提起班上新来的同学麦克斯时，对于儿子思考麦克斯及麦克斯的内心活动，比如他为什么这么霸道，丽莎印象很深刻。她说：

"我真的很喜欢你思考这个问题的方式。我都没有这样想过！所以我想，如果你说的是对的，那么等他适应了，他可能就不会那么霸道了。"

"是的，可能吧。"

"查理，这样考虑事情挺有意思的。"

"为什么？"

"嗯，因为你明白了，这就是麦克斯的感觉。他感到很担忧，所以他太想成为关注焦点了。你还愿意继续和他玩，我想你是想帮他融入班级，让他感觉好些，对吧？"

"是的。"查理说。

"试想一下，如果你真的因为他的霸道而生气，你会不会就不跟他玩了？"丽莎问。

"我可能就会像李斯那样走开，那麦克斯可能更担心没人跟他玩了！"

丽莎回答："那他可能就会变得更霸道！但你继续和他玩，他可能真的会成为很好的朋友。你试试看。"

"那天晚些时候，他就没那么霸道了。他还问我最喜欢的游戏是什么呢。"

因此，像丽莎这样的反思性父母，会主动在孩子身上寻找良好反思能力的例证，积极地塑造这些表现，增加这种情况发生的可能性。这就给你们之间的互动赋予了意义。在另一个例子中，查理告诉丽莎，他想办一场保龄球派对。

"这是个好主意，你觉得你的朋友会打保龄球吗？"

查理回答说："我不确定，可能他们不是每个人都会。但如果他们不知道怎么玩，可以在旁边看。"

"那你认为他们如果只是坐着看，还会开心吗？"

查理若有所思地考虑了一下，说："嗯……但我真的想去打保龄球。不，我知道了，我可以开个足球派对！我们班每个人都会踢足球。有些人可能不喜欢足球，但大家都知道怎么踢。嗯……但我还不确定他们想不想踢足球。"

丽莎回答说："你能为你的朋友们着想，这很好，查理。那么，什么才是最好的方案呢？"

"足球派对！"

这里，关键不在于查理最终得出了什么解决方案，而是他在思考整件事时表现出的反思能力。他为朋友着想，这正是他妈妈注意到并给予赞赏的地方。

在你的人际关系中进行反思，意味着，要思考和反思你做了什么，还要思考和反思你认为别人做了什么。然而，要能够很好地做到这一点，需要一种技能，而你正在帮助孩子培养这一技能。通过留意和强调你的孩子正在出现的这些新能力，你就是在鼓励他将这些技能带入他的人际互动中，使他与你、你的家人、他的朋友以及老师建立更加和谐稳定的关系。

## *反思性养育总结*

### 心智化美好时光

#### 心智化是什么……

它指的是，在你与孩子们享受快乐时光，以及在他们表现出积极正面的行为时，通过向孩子们示范反思性养育，思考家庭中其他人的想法、感受和意图，并鼓励他们培养反思技能。

#### 它有助于你……

当你们相处愉快时，采用反思性养育的立场，思考家庭中其他人的心理，有助于你在家庭中以及在与伴侣和孩子的互动中，拥有更多愉快和谐的时光。让家庭成员注意到你那些让他们喜欢的想法或感受，这也有助于提升你的自尊。

### 它有助于你的孩子……

在你与孩子积极正向互动时,对他表示好奇和兴趣,将会增加他的良好行为以及他与人良好互动的可能性。在这些时候向他示范反思性养育的立场,会让他对你倍感亲近,并提升他的自尊心,因为你关注的是他清楚地思考自己和他人的能力。

### 它有助于亲子关系……

在与孩子玩耍、享受美好时光之时,如果你采取反思性养育的立场,则意味着你和孩子都会获得被确认和被放在心里的体验,这将增加你们想再次共度这些时光的可能性。通过孩子的眼睛来看他的世界,将让你以更大的兴趣和热情进入他的游戏世界,分享他的快乐,让你们的关系更加密切。

### 请牢记……

1. 当事情进展顺利,尤其是你与孩子相处愉悦之时,要强调这些时刻,要向孩子言说出来。

2. 对事情为何进展良好表现出好奇。

3. 示范站在他人的立场上、通过别人的眼睛看待事情,并以一种积极的方式向你的孩子言说出来,让他们知道这是怎样的感觉。

4. 询问你的孩子:他们怎么看待别人对某件事情的想法或感受,注意关注积极面,借此协助他们解决问题。

5. 你越能通过孩子的眼睛看待事情,好奇他内心的想法,并且如果他对你的关注和好奇做出回应,你们在一起的时光就越是愉快,收获越大。

6. 当你的孩子在思考他人怎么看待事情、他们怎样感觉的时候,试着(用你的兴趣和热情)多给予奖赏。至于这些感觉是消极还是积极的,倒并不那么重要。

7. 良好的亲子关系,始于留出时间一起玩耍——哪怕只是每天10分钟,孩子也会感觉超级棒。找一些你们都喜欢的事来一起做。

8. 并不是每个人都能玩得自在,玩也需要练习。

9. 在孩子反思自己和他人时,你注意到,这就表明你的反思性养育正在发挥作用。

10. 鼓励你的孩子进行反思,并强化这种能力,因为这种能力将有利于他增进对自己和他人的理解。

# 结　语

希望我们已经让你信服,做反思性的父母有诸多益处。把育儿的关注点转移到你与孩子的关系上,并反思一下你自己珍视和看重的是什么,那么你将能够创建更为和谐的家庭关系。关键是,当孩子感觉到受重视和被理解时,他们发生不良行为的可能性就会降低,这样一来,你不仅可以让他感觉良好,还能帮他言行举止表现更佳。

本书鼓励你思考你的育儿方式以及为何有这样的育儿方式。如果你读了这本书,那么,你已经在成为反思性父母的道路上迈开了第一步。我们这本书的副标题"理解孩子的内心世界",意思是我们将为你提供指导,帮助你理解孩子的心理。而事实上,我们真正努力做的事情,是帮助你构建自己的"指南",而这取决于你如何理解自己思考和感受孩子的方式。在育儿过程中进行反思绝非易事,我们都不可能做到一直保持反思的状态。然而,在你成功地采取了这一立场的时候,请务必留意它对你、你的孩子以及你们关系的影响,希望这能进一步激励你保持反思性的立场。从孩子与其他人的关系,以及他的朋友对他的看法之中,你将逐渐看到他的改变。当有一天,你看到他对他的孩子(你的孙子孙女)也采取反思性养育时,那就证明你所做的努力达到了效果。我们希望,在今后的岁月里,只要你和孩子在一起时,本书就会浮现在你的脑海里。

## 10  对本书的反思

孩子心里在想什么,我们永远也无法完全确切地知道。其他任何人的内心,也是如此。因此,时不时地互相核实一下,就显得尤为重要。在写到这本书的结尾时,我们觉得:检核一下书中所阐述的关于反思性养育的观点,看看各位父母是否觉得有道理,这一点也很重要。我们两位作者进行了下面一段对话,讨论了我们之间如何沟通,以及我们如何将反思性养育运用到自己的工作和家庭中的情况。

我们两人在反思这本书

希拉:人的反思养育水平能不能改变? 你觉得,有没有人能一直做个反思性家长?

阿里斯泰尔:我一直都在练习,一直都在尽力记住这些观点。我觉得,要获得这些技巧需要日积月累地不断训练。我呢,一般是在跟孩子发生矛盾之后,会用到这些原理来跟他们重新构建联结。但我把整体的观点一直铭记在心。从丹尼尔·休斯的书中我得到一句很有用的话——"联结而非纠错",意思是:相处有问题时,要试着与孩子重建联结。你觉得呢? 任何时候都保持反思对你来说难不难?

希拉:当然,这个事,没人能一直做到。就算是最善于反思的父母,也只有30%左右的时间这样做,这是人之常情。我发现,尽量把我自己的感觉和孩子的感觉区分开,真的很有用。这样我才真正意识到我自己的感受跟他们的感受不一样。所以我要是发现自己很烦躁,那一刻我会试着停下来想一想:"我大吼大叫是因为他们做了什么吗? 还是出于我的感受?"然后我就发现,真的对那一刻保持开放的态度,确实有助于缓和矛盾。所以,我是努力先让自己冷静下来,然后会说这样的话:"妈妈很烦躁,是因为今天过得很糟糕。我的膝盖今天很疼,所以我一直心情不好,这和你没关系。"我发现,效果立竿见影,可以立刻让我不再对孩子们生气。可能他们也没有太觉得被冤枉过。当然,很多时候我也没那么做。

阿里斯泰尔:所以,任何时候察觉你的情绪、觉察你给人留下什么印象,都会对你的反思能力起很大的作用。

希拉:是的,我发现,把我自己的感受和孩子的区分开,相当有用。我认为,"关注"这一点极其实用。所以今天早上上学前尽管很忙,我还是抽出时间和我的小儿子(6岁)一起坐下来,跟他说:"趁你吃面包的时候,我们来聊一聊,好吗?"我们只是随便聊了些事儿,而且还超了一点时。我没有做平时在上学前会做的那些事情,像洗碗之类的,我把那些事情先放一边。后来,当我上楼去拿他的足球服时,他对我喊:"妈妈,我可以再吃点儿面包,再聊会儿吗?"我觉得这样真的很好。只有2分钟,他就很满足,当天送他去学校的行程也非常顺利。我们俩都获益匪浅,而这仅仅是因为给一个非常忙碌的早晨注入短时间的关注而已。

阿里斯泰尔:对,有意思!我发现我可能没有随时随地用"父母三步法",我只是时不时地用一下。我没有随时都有意识地用它,只在一些绝对必要的时候用。我们并不是说每时每刻和孩子在一起都要采取这种模式。

希拉:没错,所以如果有家长问我们"我什么时候应该真正想到'父母三步法'?什么时候应该用它?"你觉得我们应该怎么回答呢?

阿里斯泰尔:我认为,主要用在管理不良行为和情绪激烈的情况下,那时真的很管用。比方说,孩子在做一些你不喜欢、你反对的事,你想让他按别的方式去做;或者,他反复做某些会让他出麻烦的事情;或者,他对某个人或某件事非常生气,那时,"父母三步法"就很有用,会有助于处理这些棘手的情况。我觉得,对我育儿最有帮助的地方就是,在看到孩子行为不当时,"三步法"让我知道如何重新与他建立联结,帮他培养对内心状态的觉察。

希拉：嗯，你想必也想让他们行为表现好吧？

阿里斯泰尔：是哦，但我想，在促进孩子行为表现良好的同时，还能培养这种觉察。我认为，一旦孩子对自己的感受有更多觉察，行为表现也会更好。我觉得，如果你们之间有良好的情感联结，那么你的孩子就能感觉到你理解他。孩子们喜欢这样的感觉——感到与人有联结，这样他们更有可能行为良好，而这又回到了你说的那一点上——上学前关注到他。不过，和你一样，这些事情我也不是随时可以自发地去做的。要想变得更加自发地使用，我可能还得提醒自己用这种方法。

希拉：想到"父母三步法"，我发觉，当孩子们有些问题我实在无计可施时，"给予共情"很有效。就拿他们觉得不公平的事情来说吧。比如，我最小的孩子约好晚上去朋友家玩，但是因为那天对方生病了，所以没去成。他很生气，但是又不能生朋友的气，只能自己生闷气。他有情绪我能理解。但他在自己卧室里乱扔东西，还把我的卧室也搞得乱七八糟。被他这么一弄，我也有点冒火，因为我刚刚才收拾好房间。不过我就说了下面的话，就再次立刻奏效了，我说："你没去成真是太糟糕了。"他说："这不公平，不公平。"我说："这不只不公平，简直是太可怕了。你那么期待去玩，但现在去不了了，这多让人生气啊！我希望我可以改变事实，但我不能，事实就是如此。但是这对你来说很糟糕，觉得不公平。"然后他没再乱扔东西了。所以说，这种方法确实能够遏制不良行为，增进我们之间的亲子关系。但如果我对他大喊大叫来制止他弄乱我的卧室，一开始我确实有点想这么做，那么结果就是：他会更生气，我也会感觉不好。我想，因为他沮丧的感觉多于愤怒，但却表现为愤怒，所以，他会觉得自己是因为感到沮丧而被责备。我想这是关于"父母三步法"的另一个好处，那就是试着去思考孩子的真实感受。因为，你所看到的与他所感受到的，二者之间可能毫不相关——我看到的是愤怒以及他攻击我和我的东西，而他感受到的却是实实在在的伤心。我必须提醒自己，也必须做出有意识的努力去使用共情的方法。阅读本书的读者要意识到，我们未必能自然而然地这样做，这一点很重要。

所以，这样想很有用。我想你是对的，在你需要管理孩子、处理强烈的情绪的时候运用"父母三步法"很有效，但你并不需要在每天的互动中都用上。所以，由于我们有一章是关于相处的美好时光的，这就很有意思，不是吗？也许很容易忘记在相处愉快的时候使用"父母三步法"。我们大多数人最开始要学习新的育儿技能，都是因为在与孩子相处时困难，希望它能起作用。但是，你会省略"父母三步法"，在相处愉快时也非常好用，尤其是它能够真正地增进亲子关系，产生良好的长期效果，你会逐渐习惯使用它。

阿里斯泰尔：但是对孩子的行为设定界限也很重要，不是吗？我在想，有些家长读到这里，可能会想，还有其他方法能更好、更快地让孩子表现得好一点，你知道的，诸如面壁思过、剥夺特权等之类的。

希拉：嗯，这取决于你想要关注的是什么，不是吗？你的关注点可能是立刻改变孩子的行为，但其他人的关注点可能是改善关系、产生更好的情感联结。如果想要立即改变孩子的行为，那么有

268

时候别的策略确实能很快奏效,但可能维持不了多久,而且亲子关系可能也会受到影响。对于孩子长期的行为和情绪发展,要从长远考虑,而不是只顾着让眼前的行为"风平浪静"。当然,有时候,共情也能直接改变孩子的行为,维系你们之间的温暖关系,拉近彼此之间的距离。我想,无论对孩子的行为感到多么失望,父母也要搞明白孩子心里的想法和感受,这才是我们希望父母们记在心里的。我们或许也应该多想一想,亲子关系中进展得好的情况有哪些,以及父母是如何错过这些建立情感联结和进行反思的机会的?

阿里斯泰尔:我认为,这些地方都很值得父母们注意、不应错过,因为我们往往很容易关注相处不愉快的时候,不是吗? 不过,你觉不觉得,对于有些父母来说,他们生活中还有太多的事情要忙了,以至于他们很难去思考孩子的内心世界?

希拉:是的,我后来在想,有些父母可能会说"我已经大大地透支了,我要操心房贷,工作面临失业,很长时间我都在为钱发愁,加上我的婚姻如今也不乐观"。我有点担心这位家长可能会认为:"我怎么可能放下这些破事儿,把注意力转移到孩子身上,去关心孩子内心在想些什么呢?"

阿里斯泰尔:相当艰难,是的,非常非常艰难。但我想,这些方法对这位家长来说甚至更重要。无论难到什么程度。

希拉:要想帮他们的话,他们能够运用什么呢?

阿里斯泰尔:我想,第2章和第3章的内容应该能帮到他们。这两章谈到,将你自己的忧虑与家庭的问题分开有多重要。这不是一件容易的事情,尤其是在像你刚才描述的那样举步维艰的情况下,这样做更不容易。我想,我们不是要让父母放下生活里所有焦心的事情,让烦心事都翻篇,这本身就不可能,对吧? 不过,他们能在第一时间提出这些顾虑,这很好,我猜想,他们正在运用父母导图,觉察到这些事情对自己的影响。

希拉:那么,如果你处在那种情况下,需要放下那些忧心的事儿(它们太影响你和孩子的关系了),你觉得你会怎么做?

阿里斯泰尔:我想我需要现实一点,我也要觉察到,有的时候我会把自己的压力带到我和孩子的关系中去。那些时候,我真的很难去思考孩子内心在想什么。我就只盯着这个事实——他的行为很糟糕,所以,我就会用一个非常简单的说法来解释他为什么会这样做,比如说"他就是在突破我的底线"。我估计我会尽量留出时间跟孩子待在一起,真的尝试在那一刻只专注于和他在一起,从他的角度去看事情,哪怕就只是几分钟时间。这会带来更好的情感联结、更良好的行为、更享受的时光,就算是只有很短的时间,我和他也都会从中获益。而且,我还会告诉孩子,这就是我的问题,而不是你做了什么。

希拉:我想,我可能会尝试在家庭之外,为自己做上什么,尽量在其他地方处理那些烦心事。所以,我可能会尝试获得支持,会去和朋友多谈谈。或者,我会等到孩子们上床睡觉了,我独自一人的时候再给某人打个电话,因为,如果我没有伴侣可以倾诉这些事情,或者,我的伴侣不能够支持到我,那是很艰难的。在其他地方处理我自己忧心的事,可能会给我一种释放的感觉,这样我的心事就不会渗透到我和孩子的关系中了。那么,你能理解那种感觉

270

吗——脑子被某些东西占据了,以至于难以与家人有联结?

阿里斯泰尔:是的,我真的很喜欢所有这些策略:"得到外援",这非常重要。用新的角度来与家人相处,这也很重要,不过可能很难。但是,设法先将压力放在一边,就只是花时间观察家人,和他们在一起,也有很大的好处。

希拉:如果我正沉浸在真的很焦心的事情当中,然后他们表现得也确实很糟糕,我可能很快就崩溃了。

阿里斯泰尔:嗯,那你会怎么做呢?

希拉:那样的话,我就不太会想"哦,这是我的心理状态"。我更有可能对孩子发火,觉得"你为什么现在来烦我?!",或者"真烦人,你怎么天天这么多要求!"那时候我往往缺乏洞察力。那种情况下我可能就是处理不好,但等我冷静下来之后,我会回头再来谈。我们都难免会犯错,不过反思这些感受很重要……反思自己的行为,而不仅仅是孩子的行为。

阿里斯泰尔:"确认"这个概念是指什么呢? 我们来简要回顾一下,这个概念也很重要,是吧?

希拉:嗯,我在想,对于父母和孩子来说,感到被确认——被认可、被倾听——这一点很重要。"确认"真的可以改变他们的行为。但不只是确认,是吧? 孩子和父母都需要体验到他们的感受被共情到了。所以,举个例子,假如有人在地铁上把我推到一边,抢了我的座位,然后,我把这件事告诉了我的丈夫,而他却忽略我的感受,反倒问我买没买牛奶,我可能会觉得自己的感受没有被确认,会觉得更加烦躁,甚至还会沉浸在被不公正对待的情境之中。但是，假如他说："是的，这种事之前我也经历过，地铁里发生这种事真的很可怕，对吧？你还好吗？"之后，虽然他可能还是会问："你买牛奶了吗？"但我就能更容易回答一些。我会觉得，在我感觉到被确认之后，有人问我问题，那是可以的。不过，要是我感到自己的感觉没有得到理解，居然还有人对我提出要求，我就会更觉得自己很惨，有一种"没有人倾听我"的感觉。

阿里斯泰尔：那么，怎么用到我们的读者身上呢？遇到这种情况，如果我们要他们在这种时候放下所有那些情绪，去想想他们的孩子，他们可能会觉得完全被压倒了，而且会觉得我们是在增加他们的压力。

希拉：是的，他们会觉得，告诉他们要反思，好倒是好，但实际上对他们来说，要做到却是相当困难的。不过我想，我们并不是这样说的，对吧？我们一开始说要关注你自己的感受时，说的是，必须首先那么做。除非你觉察到自己的感受及其原因，还体验到自己的感受被确认了，否则，你是没办法去为孩子做这些的。如果你自己的感受没有得到确认，那就很难给孩子提供他们所需要的反思性抚育。

阿里斯泰尔：还有，你还要能够原谅自己，原谅自己每天跟孩子互动有困难，或者，在你觉得"这些方法都没用，我做不到，都太难了"的时候，能原谅自己。而且，要记住，虽然你现在还做不到，但是明天可能就不一样，记住这一点非常有帮助。当你醒来的时候，你可能会和孩子有一个非常美好的时刻，你真的想要充分利用这个时刻去增进你们之间的关系。

272

希拉:所以,我之前在想,人们会不会认为我们在说"只要你知道孩子们为什么淘气,就可以让他们淘气了"。我一直在想,大家会不会觉得我们是在建议他们放弃规则,对孩子的行为宽容些。但其实这不是我们说的意思,对吧?

阿里斯泰尔:当然不是。

希拉:那我们说的是什么呢?

阿里斯泰尔:嗯,我们说的是——孩子调皮是他们成长发展的一部分,但是管理行为的好方法(减少不良行为、思考行为)则指的是要去理解这个行为是怎么回事。一旦你想明白了这一点,你就知道该怎样去做,所以,关于具体要怎么做,我们在本书里并没有太多提及。我没有看到有什么证据表明,那些更具反思性的父母与不那么具有反思性的父母相比,使用了哪些不同的行为策略。他们是否会让孩子面壁思过呢?也许会。假如他们这样做了,他们很可能是以一种特殊的方式来使用这个策略的。他们会非常愿意,也很渴望在事后跟孩子重建情感联结。所以,我认为这些策略并不是最重要的,而重要的是,你如何运用这些策略,以及如何帮助孩子思考问题。那么,假如孩子们正在偷东西,你怎么阻止他们呢?这更多取决于对这些问题(他们为什么偷东西、发生了什么)的思考,还要帮助他们思考这些问题。你可能疑惑这样做的意义在哪里,当然,我们并不是(在本书中)向孩子传达"偷窃是可以的"这种想法。举例来说,如果我发现我的孩子在偷东西,我就不会纵容,原则和底线必须要有,不是吗?我会尝试让孩子明白:我们讨论了导致你偷东西的原因,但这并不意味着我赞同你偷东西,也不意味着你惹了麻烦可以不受惩罚。不过我想让你知道，我跟你讨论这件事，是因为我在尽力去理解你，让你感到与我亲近。但是当我告诉你，你要用自己的零花钱去还的时候，你可能还是会很恼火。

希拉：我们并不是说，要父母永远不去反对孩子的所作所为，而是建议父母们可以尝试先帮助孩子管理导致他们有这些行为的感受。

阿里斯泰尔：嗯，我认为，难的是要把"接受孩子的感受"与"赞同孩子的所作所为"区分开来。二者是有区别的。重要的是"接受孩子的感受"。哪怕你无法接受他有这种感受的原因，也仍然要学会这么做。因为，在那一刻，他内心的某些感受是实实在在的。而我们力图要做的，就是帮助孩子理解这些感觉，并找到一种方式去体验这些感觉，而不一定要做出给他带来麻烦或者给别的人和事带来伤害的行为。所以说，他的情感体验被父母接受，对他来说是真的有帮助的。

希拉：你们都把两件事记在心里面。首先，行为是应该有规则和边界的。有些可以接受，有些不能。其次，你要敞开心扉，去理解行为背后发生了什么——真正的"内情"。那我们可以跟大家说清楚，什么时候可以使用"父母三步法"吗？

阿里斯泰尔：好的，当然可以。嗯，"父母三步法"的好处就在于：可以帮你理解孩子行为方式背后的动机。你也可以在事情发生之时（当你们相处遇到问题时）使用它，或者说，等到事情过去之后再用实际上效果会更好。当你们俩都很心烦意乱的时候，与其坚持让孩子听你说教,不如试一下,等待5分钟,然后想想为什么孩子一开始不愿意听你说话。一旦你这样做了(后退一步,思考孩子可能在想什么),你们往往就能开启一场别样的对话了。

希拉:有些人可能会说,"我没时间去做这些""我没时间退后一步去思考孩子在做什么""工作忙,孩子多",等等。你会对他们说什么?

阿里斯泰尔:是的,很难找到时间。而且对于发生在父母和孩子之间的难题,很不幸,我们也并没有一招制胜的办法。如果你真的想改变孩子的行为模式、改善你们之间不甚如意的关系,那么抽出一点时间是很重要的。

希拉:你觉得他们需要花多少时间?

阿里斯泰尔:思考他人的观点并不需要很长时间,我觉得,也就半分钟左右。带着兴趣接近你的孩子,对他内心发生的一切感兴趣,这些也就几分钟时间,这对他、对你们彼此之间的关系却是十分有好处的。

希拉:这么短的时间就能见效,太不可思议了,是吧?

阿利斯泰尔:是的,你可能会因此了解到一些孩子不听话的原因,你也可能会对孩子做出不同的回应。当他的行为方式发生变化的时候,你的生活也会变得更轻松些。

希拉:是的,这很有用。我不知道大家看到这里,会不会觉得"反思性养育听起来可能要花很长时间才能奏效,其他办法不是更快吗?",他们会觉得,要是他们对孩子吼,孩子就会立马听话去做他们想让他做的事。

阿里斯泰尔：是的，反思性养育不会总是那么立竿见影，尽管它有时可以这样。还记得你说过的上学前，你对儿子感兴趣，他也更开心的事儿吗？但是，那些很难做到不对孩子吼叫的父母呢？我们该对他们说什么呢？

希拉：我想，我得说，这很正常，每个人生气的时候都会忍不住大吼大叫。

阿里斯泰尔：你觉得对孩子吼叫对吗？

希拉：我不认为吼叫能解决问题，我也不认为这对孩子有好处，对父母来说其实也不好。所以我觉得没人真的喜欢吼叫。但是，如果我设想一下自己被人大吼大叫是什么感觉——这就是换位思考有用的地方——当我设想有人冲着我大吼大叫，那会是什么感觉，那会是多么可怕呀！我会感到害怕或者感到羞愧和恐惧。我想象自己，一个身高一米七的人，高高在上，冲着一个小孩子大吼大叫，这时候我觉得我能够更好地理解那种感觉了，会发现被人吼叫真的是相当可怕，虽然它可能会达到你想要的结果……

阿里斯泰尔：是的，我之前想说的是，它可能会有效果……

希拉：当然，也有一些情形是明显适用吼叫这种方法的，比如，当你看到一个意外事故即将发生，这时候大吼大叫可以阻止意外的发生。但我想，这能起到作用，是因为在那一瞬间孩子会立刻停止，僵在那里一动不动。如果我冲一个4岁的孩子大吼，让他"从沙发上下来！"，我可能会在那一刻得到我想要的效果。但是，这样也会教会他：只要你吓唬住别人，你就可以让别人做你想让他们做的事。于是，渐渐地你可能就会发现，他开始变得有点紧张不安、提心吊胆、焦虑担忧,不知道什么时候又会被人吼。

阿里斯泰尔:所以,对,如果这不是一个好办法,那么家长如何才能不冲孩子大声吼叫呢?

希拉:有几个策略你可以试试。第一种是首先把你的感受和孩子的内心状态区分开。第二种是想一想是什么让你吼叫,为什么你这么生气。然后,你可以回到你的父母导图上,想想上面是否有让你经常吼叫的事情,比方说,你过去是否有这样被人吼叫的经历或者是现在生活中有压力,等等。一旦你弄清楚了这些事情对你(作为父母)的影响,那么,你就可以开始做些方法上的改变,而且你就有望不再对孩子那样吼叫了。不过,为什么父母会大吼大叫呢?

阿里斯泰尔:因为孩子调皮捣蛋。

希拉:但吼叫有什么用呢? 能让父母感觉好点儿吗?

阿里斯泰尔:我也不清楚,但真的是很难克制不这样做!

希拉:也许,尝试一下换位思考、想象一下孩子会有什么感受,就会有所帮助。走进他的内心。另外,你也许也可以接受自己有的时候会吼叫,因为毕竟你不可能每时每刻都能控制自己的情绪。所以,原谅自己,想一想,其实只要你不是老这样,只是偶尔发生这种情况,也不是太可怕。人嘛,总是会吼叫的。兄弟姊妹之间也会互相吼叫,不是吗?

阿里斯泰尔:我更多是在想,你说的父母导图,以及它如何才能派上用场的事情。

希拉:你想的是什么呢,阿里?

阿里斯泰尔：我想，我们或许可以告诉父母们：你大吼大叫是因为你情绪真的很激动。大多数人大吼大叫，是因为他们很生气，或在某些方面被激发了。所以，对这些家长来说，最重要的是要开始真正反思自己，想想自己什么时候更容易大吼大叫，什么时候吼叫的可能性比较小，要真正试着去思考这个问题。比如，是早上上学前的准备时间吗？时间非常仓促，而孩子们却磨磨蹭蹭半天不去上学。那么，就值得去想想如何安排好早上的事，这样，你就不会那么容易被激怒，进而开始吼叫了。

希拉：是的，提前做好准备肯定就不会大吼大叫了。我也在想那些打孩子的父母，这个问题需要严肃地思考一下。我认为，父母情绪失控到了吓到孩子的地步，任何这样的情况都是需要处理的重要问题。而且，你想想，孩子眼中看到的是什么呢？当他看到你情绪失控，不能很好地管理自己的情绪，他怎么能学会管理好自己的情绪呢？不过，回到"是否其他办法能够见效更快"这个问题上，我还在想，家长们可能去问："有什么证据证明反思性养育能帮到孩子和家庭呢？"

阿里斯泰尔：嗯，有研究表明，如果父母善于反思，他们的孩子就能更好地管理自己的情绪，与人建立比较好的关系。从专业工作的角度来说，我发现，使用这种方法有助于改善亲子关系。就我个人而言，这让我在处理与孩子相处不快的情形时更容易一些，也让我感到我能理解我的孩子，也能理解他们的感受和行为。我觉得，看到这对孩子的好处，看到他如何理解自己的情感世界，这是长期的效果。但对于某些情况也能起到立竿见影的效果。

278

希拉：你可以想到好的例子吗？

阿里斯泰尔：比如，孩子在大吼，说："你真卑鄙，你真卑鄙，你什么都不让我做！"与其因为孩子说了没礼貌的话而惩罚他，不如反思一下，给一些共情，说："我真的很抱歉，这的确很难，我知道这确实让人感到很不公平。"这能给孩子带来戏剧性的影响，因为他觉得自己真的被理解了，他还看到你在乎他的感受。你的愤怒就能消散，局势就能缓和，你根本就用不着惩罚孩子。而如果你因为他非常没礼貌而很生气，惩罚他让他面壁思过，这可能会让孩子更不满、更愤怒。这样做可能短时间会减少类似行为的发生，但实际上，会产生更多的消极行为并加深隔阂。我并非说反思性养育需要更长的时间，但可以确定的是，反思性养育主要的附加好处是：让你和孩子之间有更好的联结，同时他也感到被理解。

希拉：大家在读完这本书后，也许还会有很多问题，是吧？我想，总的来说，我们只是希望大家能试一试，我们希望大家知道，这些都需要时间和练习。不过，如果尝试在孩子面前示范反思，你将会看到一些实实在在的好处。我注意到，经过长时间的尝试，我自己的孩子逐渐开始对家里的其他人做出反思性的、将心比心的评论，当然这一些已经花了好几年的时间，并且是持续不断的。从我们工作过的家庭中也能看到：帮助父母和孩子对他人及他人的内心世界变得更感兴趣、更好奇，随着时间的推移，对孩子的行为举止和与人的关系都有好处，且影响深远。

# 致　谢

我们要感谢朋友、同事和家人，他们作为专业人员，同时也是父母，展现了持续的兴趣和好奇，提供了非常有价值的洞察。谢谢海利·库克、艾米莉·库珀、安东尼娅·戈伯、丹尼尔·休斯和理查德·夏普，他们阅读本书章节并提出了颇有助益的评论。感谢克莱尔·克罗斯对本书的编辑意见以及在内容和结构上的反思性评论，还要感谢那些优秀的学术工作者和临床工作者，他们的工作启发了我们，奠定了本书的基础，没有他们就不可能有这本书。

我们要感激劳特利奇出版社的编辑团队，尤其感谢乔安娜·福肖，以及匿名的读者们给本书的初稿所提的建议。

阿里斯泰尔想要感谢启发了这本书出版的人，他们是：黛博拉·佩奇和丹尼尔·休斯。是丹尼尔·休斯的智慧和善良开启了这段出版之旅；感谢丹尼尔·休斯对工作的投入，他慷慨大方，关爱他人。尤其值得感谢的是那些和阿里斯泰尔一起工作过的儿童和青少年，无比有幸，从他们身上学到了太多，特别是他们面对逆境时的韧性和勇气。最后，还要好好地提一下艾米莉、山姆和伊兹，感谢他们的理解和始终如一的兴趣，没有他们我做不了这个事。

希拉想要感谢彼得·冯纳吉和朱迪·邓恩对我们工作的启发，也感谢他们在如此多领域里展开的开创性工作，还要感谢他们让这一切有了意义。感谢父母、儿童和青少年们，他们表现出巨大的决心想要改进关系，这直接鼓舞着我们，让我们有动力将研究持续不断地运用于临床实践。也要给我的家人最衷心的谢意：理查德、加布瑞、约瑟夫以及威廉，你们真正教会我"将他人的心理放在心里面"。

**图书在版编目(CIP)数据**

反思性父母：理解孩子的内心世界/（英）阿里斯
泰尔·库珀（Alistair Cooper），（英）希拉·雷德芬
（Sheila Redfern）著；吴明霞，朱灵慧译. ——重庆：
重庆大学出版社，2024.7. ——（鹿鸣心理）. ——ISBN
978-7-5689-4550-9

Ⅰ. G780

中国国家版本馆 CIP 数据核字第 2024W2M794 号

**反思性父母:理解孩子的内心世界**

FANSIXING FUMU : LIJIE HAIZI DE NEIXIN SHIJIE

【英】阿里斯泰尔·库珀　希拉·雷德芬 著

吴明霞　朱灵慧 译

鹿鸣心理策划人:王　斌

策划编辑:敬　京　责任编辑:敬　京

责任校对:谢　芳　责任印制:赵　晟

\*

重庆大学出版社出版发行

出版人:陈晓阳

社址:重庆市沙坪坝区大学城西路 21 号

邮编:401331

电话:(023)88617190　88617185(中小学)

传真:(023)88617186　88617166

网址:http://www.cqup.com.cn

邮箱:fxk@cqup.com.cn(营销中心)

全国新华书店经销

重庆市国丰印务有限公司印刷

\*

开本:720mm×1020mm　1/16　印张:18.75　字数:203 千

2024 年 8 月第 1 版　2024 年 8 月第 1 次印刷

ISBN 978-7-5689-4550-9　定价:69.00 元